**Grundkurs
Grüner Daumen**

Das für dieses Buch verwendete FSC-zertifizierte Papier *Opuspraximatt* liefert Condat, Le Lardin Saint-Lazare, Frankreich.

1. Auflage
Brigitte Buch im Diana Verlag
Copyright 2009 by Diana Verlag, München
In der Verlagsgruppe Random House GmbH
printed in Germany 2009

Autor: Michael Breckwoldt
Redaktion: Christine Schmid
Artdirektion und Layout: Tilman Lothspeich, Köln
Umschlaggestaltung: Eisele Grafik-Design, München
Herstellung: Gabriele Kutscha
Lithografie: dietnerZ, PrePrint-Produktion, München
Druck und Bindung: Druckerei Uhl, Radolfzell
ISBN 978-3-453-28519-4
www.diana-verlag.de

Bildquellen:
Christiane Bach: 168 u., 176 u., 177 u.
Nele Braas: 62-65
Michael Breckwoldt: 135 o., 141 u., 151 u., 154 m., 155 m., 157 m., 159 m.
Julia Hoersch: 66-68, 170 o.
Marion Nickig: 120 o. + m., 124 m., 128 m., 139 m., 142 o., 143 u., 147 o., 164 m. , 166 o., 170 m., 171 u., 173 o. + m., 179 o. + u.
Janne Peters: 16, 18-20, 86, 88-90, 92, 95, 123 o., 128 o., 135 u., 138 u., 140 o. + m., 142 m., 151 m., 156 o., 157 u., 158 u., 159 o., 165 m., 168 m., 169 o.
Sabrina Rothe: Titel, 4, 5, 8, 10, 12-14, 22, 24-26, 28, 30, 32, 34-40, 42-44, 46-57, 70, 72, 74-78, 81, 82, 84, 96, 98-101, 103-106, 108, 111-114, 116, 118, 119, 120 u., 121, 122, 123 m. + u., 124 u., 125-127, 128 u., 129-134, 136, 137, 138 o. + m., 139 o. + u., 140 u., 141 o. + m., 142 u., 143 o. + m., 144-146, 147 m. + u., 148-150, 151 o., 152, 153, 154 o. + u., 155 o. + u., 156 m. + u., 157 o., 158 o. + m., 159 o., 160-163, 164 o. + u., 165 o. + u., 166 m. + u., 167, 168 o., 169 m. + u., 170 u., 171 o. + m., 172, 173 u., 174, 175, 176 o. + m., 177 o. + m., 178-183
Till Runkel: 184-189
Anke Schütz: 58-61, Flora-Garten 124 o.

Styling:
Anne Beckwilm: 44, 46-51
Susanne Beißner-Schindler: 62-65
Miriam Geyer: 86, 88-90, 92, 95
Miriam Giehler: Titel
Katrin Heinatz: 58-61, 66-68
Sabrina Rothe: 70, 72-78, 81, 82, 96, 98-101, 103-106

Michael Breckwoldt

Grundkurs Grüner Daumen

Die besten Tipps für Garten, Balkon und Terrasse

Fotos Sabrina Rothe, Janne Peters u.a.

Inhalt

Vorwort...7

Ideen für schöne Gärten 8
  Garten in der Stadt 10
  Familiengarten..................................16
  Cottagegarten....................................22
  Designergarten..................................28
  Grüne Gartenzimmer.........................32
  Mediterraner Reihenhausgarten 40

Ideen für schöne Terrassen und Balkone ...44
  Terrasse im Landhauslook 46
  Dachterrasse mit Gräsern 52
  Rot-weißer Balkon 58
  Mediterraner Balkon 62
  Moderner Balkon 66

Das sollten Sie beherrschen 70
- Wie nahrhaft ist der Boden? 72
- Einpflanzen und Aussäen 78
- Das Beauty-Programm für Rosen 84
- Balkonkästen und Töpfe bepflanzen 90
- Das Einmaleins des Gestaltens 96
- Welche Geräte sind unverzichtbar? 100
- Der Rasen in Topform 108
- Der richtige Schnitt 114

Diese Pflanzen sollten Sie kennen 116
- Einjährige Blumen 118
- Stauden 134
- Zwiebelblumen 152
- Bäume und Sträucher 160
  - Immergrüne Heckenpflanzen 174
  - Laub abwerfende Heckenpflanzen 176
  - Kletterpflanzen 178
  - Rosen 181

Erste Hilfe fürs Grün 184

Register 190
Adressen 192

Vorwort

»Gardening is the new sex«, verkündete die Londoner »Times« vor einigen Jahren und brachte damit knapp und frech die Lust auf den Punkt, die immer mehr Menschen empfinden: Gärtnern ist sexy. Gärtnern ist kreativ. Mit einem ganzen Arm voller Blumen dem Balkon einen neuen Look zu verpassen, mit beiden Händen tief in die Erde einzutauchen und winzige Samen zum Blühen zu bringen – das macht glücklich.
Doch es braucht eben auch Mut und Wissen, um richtig loslegen zu können. Pflanzen entwickeln sich nur, wenn Sie richtig und liebevoll mit ihnen umgehen.
Genau das will Ihnen das BRIGITTE-Buch »Grundkurs grüner Daumen« vermitteln. Es richtet sich an alle, die mit dem Gärtnern anfangen und sich fragen: »Wie bekomme ich es hin, dass auch bei mir alles üppig blüht?« Es hilft mit leichten Anleitungen, exakten Handgriffen und den besten Rezepten für gelungene Pflanzungen – egal, ob auf dem Balkon oder im Gartenbeet.
Gärtnern heißt aber auch, mit den Elementen der Natur in Berührung zu kommen und sich als Teil davon zu erleben – nicht mehr Krone der Schöpfung, sondern Mitspieler zu sein. Es gibt kaum etwas Schöneres, als zu beobachten, wie unter den eigenen Händen etwas heranwächst. Machen Sie Ihren Balkon, Ihre Terrasse oder Ihren Garten zum Wohlfühlraum, in dem Sie den Alltagsstress hinter sich lassen und Ruhe finden. Alle Sinne sind hellwach, wenn Erde und Blüten duften, Gras unter den Fußsohlen kitzelt und Wasser kühl und weich über die Hände rinnt. Das Arbeiten in der Natur erdet – und macht gelassen.

Ein gutes Gelingen und viel Spaß im Grünen!

Ihre Brigitte

Ideen für schöne Gärten

*Ob fürs Reihenhaus oder die Landvilla,
lassen Sie sich einfach inspirieren*

Garten in der Stadt

Den Sommer über lebt es sich dort wie in einem blühenden Wohnzimmer: Gefrühstückt wird unterm Feigenspalier, und sogar zum Fernsehen kann man draußen sitzen bleiben.

Die Situation ist typisch für das Innere einer Stadt: geschlossene Häuserfronten zu beiden Seiten. Die mehrgeschossigen Gebäude aus dem 18. Jahrhundert markieren die ehemalige Stadtgrenze von Maastricht. Heute sind sie in das weitläufige Straßennetz eingegliedert. Typisch auch, dass zu jedem dieser alten Häuser von jeher ein Innenhof gehört. Den in diesem Beispiel nutzte zuletzt noch eine dort ansässige Bäckerei als Stellfläche. Vor knapp 20 Jahren kam das denkmalgeschützte Gebäude in den Besitz einer Familie, die es zu großen Teilen eigenhändig restaurierte. Um den Hof zum Garten umzugestalten, wurde der harte Boden abgetragen und durch 20 Kubikmeter Mutterboden ersetzt, der durch das Haus hindurch auf die zukünftigen Beete gekarrt werden musste. Eine Glasvitrine im Flur präsentiert die Fundstücke, die dem Ehepaar und ihrem Sohn in die Hände fielen, während sie die Sedimente der Zeit abtrugen: Scherben Delfter Fliesen, ein Kinderschnürstiefel, tönerne Pfeifenköpfe, jahrhundertealte Bierflaschen und eine Handvoll Glasmurmeln.

»Auf dem sonnigsten Flecken entstand ein Sitzplatz aus alten Ziegelsteinen. Die haben wir teils im Keller und teils in Abbruchhäusern der Nachbarschaft gefunden«, erzählt der Hausherr. Hinzu kamen ein Schuppen für die Fahrräder, Verbindungswege und Beete auf den Flächen dazwischen. Hohe Mauern umschließen den Hof und sorgen für ein vorzügliches Mikroklima. Birnen und Feigen, die unmittelbar an den rauen Ziegelwänden an Spalieren Halt finden, können daher prächtig gedeihen.

Eine kleine Erbschaft ermöglichte es dem Ehepaar, sich mit der Hilfe zweier Gartenarchitekten weitere Wünsche zu erfüllen. Die Profis teilten den Raum neu auf und verhalfen ihm so zu mehr Atmosphäre. Ein Rundweg aus alten Pflastersteinen erschließt nun die ca. 150 Quadratmeter große Grundfläche, zwei Laubengänge sind mit Klematis und duftenden Rosen berankt. Sie geben dem Garten ein räumliches Gefüge, in dem man sich wohlfühlt. Zur entspannten Stimmung tragen zudem viele blühende Pflanzen in Blau-, Weiß- und Rosatönen bei, und die Wasserfläche eines schmalen Beckens lockt Libellen und Vögel zum Trinken an.

Rundkurs
Der Weg führt unter drei Trompetenbäumen hindurch. Er teilt den Garten harmonisch auf und erschließt ihn in all seinen Teilen. Sein Belag besteht aus gebrannten Klinkern, während der Platz im Vordergrund, der an das Haus grenzt, mit Granitsteinen gepflastert ist.

Ruhepol
Das Wasserbecken zieht Libellen und Vögel an und trägt zur entspannten Atmosphäre innerhalb des Gartenraums bei. Es misst etwa 80 x 300 Zentimeter und ist mit einer Tiefe von einem Meter ideal für Seerosen geeignet. Eine Folie dichtet die gemauerten Seitenwände ab. Sie wird von gesägten Kalksteinplatten kaschiert, die den Rand hübsch einfassen. Ein natürlicher Zufluss über die Regenrinne speist das Becken mit Wasser vom Dach des Fahrradschuppens.

Weichzeichner
Die Wegkante aus Kalkmergel verschwindet hinter Storchschnabel, Lavendel und kleinen Glockenblumen (Campanula porscharskyana), die diesseits der Kante aus den Fugen des Klinkerpflasters sprießen. Diese extra Kante hebt den Weg noch einmal besonders hervor. Die Bepflanzung nimmt ihr aber ihre scharfe Kontur.

EXTRATIPP SPALIEROBST
Früchte an der Hauswand ziehen

Obstbäume gedeihen auch auf engstem Raum, denn ihre Wuchskraft lässt sich lenken. Dazu bringt man die Triebe in die Waagerechte und bremst so deren Schub nach oben. Dafür bindet man sie an Spaliere aus Holz oder an Drahtseile. Ideal ist eine Lage an der Hauswand, die mindestens einen halben Tag lang von der Sonne beschienen wird. Es eignen sich allerdings nur speziell herangezogene Obstbäume. Typisch sind U-Formen, die aussehen wie eine Gabel mit zwei Zinken, oder Palmetten, von denen alle Seitenäste fast waagerecht abstehen (s. Foto). Junges Spalierobst bekommen Sie in guten Baumschulen und Gartencentern. Denken Sie daran, dass die Pflanzen auch an der Hauswand einen nahrhaften Boden benötigen. Meist ist das Fundament von viel Sand und Schutt umgeben. Sie sollten daher ein großes Pflanzloch ausheben und mit guter Gartenerde auffüllen.

EXTRATIPP LAUBENGANG
Unter Blütentrauben spazieren gehen

Wenn Sie mehrere Rosenbögen verbinden, wird daraus ein verwunschener Laubengang. Die Wege führen unter Blütengirlanden hindurch, die das Sonnenlicht filtern. Die Unterkonstruktionen aus Holz oder aus Stahl können Sie im Fachhandel kaufen oder sich individuell von einem Schlosser anfertigen lassen. Zuerst müssen die Stützen im Boden einbetoniert werden. Dann kommen die Pflanzen hinzu. Kletterrosen entwickeln in der Regel kräftige, steife Triebe, die schnurstracks in die Höhe schießen. Gewöhnlich türmt sich die Blütenpracht dann nach einigen Jahren im Scheitelpunkt der Bögen, und die Seiten bleiben kahl. Um das zu verhindern, werden die noch jungen, biegsamen Triebe spiralförmig um die Stützen gelegt und einige davon fast waagerecht an die Querholme gebunden. So brechen an der Oberseite der stacheligen Ruten viele neue Blütentriebe hervor.

Süßer Schatten
Naschen erlaubt: Verzinkte, in der Mauer verdübelte Stahlwinkel tragen die Äste einer Feige, die an dieser geschützten Stelle aromatische Früchte hervorbringt.

Lauschiger Ort
Der Sitzplatz fängt die Morgensonne ein. Später sorgen Weinreben und Feigenlaub für einen natürlichen Schatten.

Zapfstelle
Wie praktisch: Unter dem Wasseranschluss befindet sich noch ein Becken. Hier können Gießkannen abgestellt und schmutzige Utensilien abgewaschen werden.

Bleichgesicht
Das silbrige Rosa der Sterndolde (Astrantia major ›Roma‹) harmoniert schön mit der alten Backsteinmauer.

Das macht den Charme aus

Der Garten liegt geschützt hinter Mauern. Laubengänge, Trompetenbäume und Wandspaliere schließen den Innenhof wie einen Raum nach oben hin ab. Aus der nahe gelegenen Altstadt dringen nur gedämpfte Laute, wie die Glocken der Basilika oder das Gekreisch der Mauersegler, über die Dächer.

Tricks und Tipps
- *Erweitern Sie den Wohnraum in den Hof hinein. Eine große Glastür ist hilfreich. Sie schafft eine optische Verbindung von Innen und Außen.*
- *Ein großzügiger, geschützter Sitzplatz ist wichtig.*
- *Will man die häufig begrenzten Grundflächen größer erscheinen lassen, können die Wände hell gestrichen werden.*
- *Spiegel, Zink- oder Edelstahlbleche an ausgewählten Stellen reflektieren Licht; Laub und Blüten nehmen den Wänden ihre monumentale und manchmal erdrückende Wirkung.*
- *Auch Spaliergitter in lichten Farben lockern eintönige Wandflächen auf.*

Typische Pflanzen
- *Schattenverträgliche Stauden wie Farne, Funkien und Storchschnabel.*
- *Strukturierende Gehölze wie Buchsbäume.*
- *Kletterpflanzen, die die dominante Wirkung der Mauern schmälern, wie Wilder Wein, Klematis, Kletterhortensien und Spalierobst.*

Familiengarten

So soll es sein: für die Großen eine Terrasse zum Entspannen und die Rosen zum Schwelgen, für die Kleinen ein Reich zum Buddeln, Plantschen, Krötenjagen – und Naschen!

Was für ein Glück, dass die Hausherrin schon als Kind Grünzeug über alles liebte. Zwar schlugen die Versuche fehl, Blumen in der Sandkiste zu ziehen und Radieschen im Wald anzusiedeln. Entmutigen ließ sie sich dadurch aber nicht. Vielmehr hat ein Gartenbaustudium später diese frühen Rückschläge geradegerückt. So war sie bestens präpariert, als sie Mutter wurde und ihren Familiengarten in Neumünster plante. »Natürlich wollte ich einen großen Spielbereich für meine drei Mädchen haben«, sagt die 44-Jährige. Neben den Standards – Schaukel, Sandkiste und Kinderhaus – ließ sie sich viel Ungewöhnliches einfallen. Etwa das Naschbeet um die Sandkiste herum: Johannisbeeren als Grenze zum Rasen, dazwischen Erdbeeren und Blumen. Heute, da der Nachwuchs aus dem Buddelalter heraus ist, nimmt ein großes Trampolin den Platz ein. Begeisterung löste auch der Schwimmteich aus. Die zehnjährige Katharina fand schnell heraus, dass ihre älteren Schwestern sich vor Molchen, Fröschen und Qualquappen ekelten. Noch heute trägt sie ihre Feuchtbiotope in einer Bonbonniere versammelt durchs Haus. Das Beste sind für die Schwestern aber die Wasserschlachten mit Gummiboot und das Schlittschuhlaufen im Winter. Die Teichufer fallen seicht ab, sodass sie höchstens für Kleinkinder eine Gefahr darstellen. In den ersten Jahren war die Wasserstelle daher umzäunt.

Draußen gibt es eigentlich keinen Grund, sich zu langweilen – wenn dann doch einmal die Frage kommt: »Mami, was kann ich tun?«, ist die Antwort prompt: »Löwenzahn stechen.« Der hatte sich vor allem anfangs im noch lückenhaften Rasen breitgemacht, und die Kinder konnten sich mit jedem erbeuteten Kraut fünf Pfennige verdienen. So lernten die Mädchen, dass Garten nicht nur Abenteuer, sondern auch Arbeit bedeutet. Ihre Mutter freut sich natürlich auch über die schönen Beete. Zwar stört es sie nicht, wenn auf den gezirkelten Buchswegen und zwischen den Rosensträuchern auch mal Fangen gespielt wird. Sträuße hingegen dürfen nur von den Blumen geschnitten werden, die es reichlich gibt, nicht von den Raritäten. Wenn das nicht reicht, haben die Mädchen ein eigenes Beet, wo sie anpflanzen und später auch ernten können, was sie wollen.

Kleines Reich
Katharina hat es sich am Kinderhaus gemütlich gemacht. Hier haben sie und ihre Schwestern auch ein eigenes Beet für Blumenexperimente.

EXTRATIPP NASCHPFLANZEN
Im Vorbeigehen Vitamine tanken

Im Garten findet sich überall Essbares: In der Hecke zum Nachbarn wachsen Haselnüsse wie die ›Halleschen Riesen‹ mit besonders großen Früchten. Um den Kompost wuchern Himbeeren und Brombeeren (zur Nachahmung am besten dornenlose Sorten pflanzen, z.B. ›Nessy‹). Am Teich locken kleine Walderdbeeren, im Bauerngarten großfrüchtige Sorten für eine üppige Ernte im Juni und auf dem Beet am Spielhaus Monatserdbeeren, z. B. Sorten wie ›Mara des Bois‹, die den ganzen Sommer über fruchten. Im Kinderbeet ist zudem Platz für Experimente mit Erbsen, Möhren, Radieschen und Blumen. Süßkirschen stehen auf der Obstwiese. Kaufen Sie nur klein bleibende Bäume, damit deren Früchte gut zu erreichen sind. Fragen Sie nach Pflanzen, die auf GiSelA veredelt sind, einer Wurzel, die das Baumwachstum zügelt. Wer seine Kinder zum Naschen verführt, sollte auch vor Giftpflanzen warnen, etwa den rohen Gartenbohnen (eine Internetseite der Giftzentrale der Universität Bonn mit weiteren gefährlichen Pflanzen finden Sie auf Seite 192).

Farbenspiel
Die Wiesen-Schafgarbe ›Exel‹ beginnt mit rotvioletten Blütenschirmen, die allmählich zu Altrosa verblassen. Leider wuchert die Art etwas und braucht Platz.

Majestäten
Eine Gruppe imposanter Rittersporne bildet auf dem Beet hinter dem Haus einen kräftigen blauen Mittelpunkt.

Rosentor
Der selbst gezimmerte Rosenbogen mit Rose ›White Wedding‹ und einer namenlosen roten Sorte führt in den Bauerngarten.

Bilderbuch-Schönheit:
Die Blüten der Strauchrose ›Raubritter‹ sehen aus wie aufgeplustert. Die Pracht erscheint nur einmal pro Jahr Ende Juni.

Extratipp Schwimmteiche
Zum Abtauchen vor der Haustür

Der Mittelpunkt eines Gartens muss keinesfalls immer die Rasenfläche sein. So braucht ein Schwimmteich, der ohne Zusatz von Chemikalien auskommt, nur eine Grundfläche von mindestens 70 Quadratmetern. Der würde also sogar in einen Reihenhausgarten passen. Rund zehnmal so groß ist die Anlage in diesem Garten. Die Besonderheit dort: Die Teichsohle besteht aus einer etwa 20 Zentimeter dicken Schicht gestampften Tons. Das Verfahren ist aufwendig, nicht ganz billig und nur etwas für Naturfreaks, die auch gern einmal barfuß im Modder waten. In den meisten Fällen werden Teiche mit einer rund 1,5 Millimeter starken Folie abgedichtet. Ein Naturpool funktioniert nach dem Prinzip der Selbstreinigung. Dazu trennt eine Unterwasserwand den Schwimmbereich von einer Regenerationszone, in der spezielle Pflanzen wie Rohrkolben, Binsen und Schwertlilien gedeihen. Sie entziehen dem Wasser Nährstoffe und beugen so der Algenblüte vor. In der Praxis funktioniert dieses Regulativ erst, wenn die Vegetation voll entwickelt ist. In den ersten beiden Jahren wird man also vermehrt mit Algen zu tun haben und jedes Frühjahr wieder. Aber auch danach darf man keinen Swimmingpool mit glasklarem Wasser erwarten. Wer möchte, kann auch in einen Schwimmteich leistungsstarke Filter einbauen, die das Gros der Schwebstoffe einfangen. Mit Absaugvorrichtungen an der Wasseroberfläche, sogenannten Skimmern, und Spezialstaubsaugern lassen sich Blätter, Algen und Modder herausfischen. Glasfaserverstärkte Kunststoffmatten (statt Folie) ermöglichen auch hartschalige, steile Wandprofile. Damit kommt man dem Gefühl, in einem Pool zu plantschen, dann schon recht nahe. Wem das Risiko einer Teichanlage wegen kleiner Kinder noch zu hoch ist, kann an dem vorgesehenen Platz zunächst nur die Mulde ausheben lassen und diese als Abenteuerspielplatz nutzen. Können die Kids schwimmen, stellt man den Teich fertig.

Das macht den Charme aus

Die naturnahe Gestaltung mit großen Staudenbeeten und vielen Wildgehölzen an der Grundstücksgrenze. Für die Kinder vielseitige Erlebniswelten: ein Kinderhaus mit Beet, ein Schwimmteich, Rasenfläche und Trampolin sowie verwinkelte Gartenräume und viele Sträucher, in bzw. hinter denen sich die Kids verstecken oder Höhlen bauen können.

Tricks und Tipps

- Johannisbeersträucher begrenzten die Sandkiste an einer Seite. Das hatte einen doppelten Effekt: Die Kinder konnten im Sommer Beeren naschen. Gleichzeitig war die Sandkiste hinter den Sträuchern verborgen.
- Als die Kinder aus dem Buddelalter heraus waren, wurde ein Trampolin in die Sandkiste gestellt. An die Stelle der Johannisbeersträucher kamen Spiersträucher (Spiraea), die den Springplatz jetzt einbetten.
- Der Rosenbogen, der in den Bauerngarten führt, wurde aus alten Baumstämmen gefertigt und nicht im Gartencenter gekauft.

Typische Pflanzen

- Viele verschiedene Stauden, die gut in einen Landhausgarten passen wie Rittersporn, Phlox, Katzenminze, Schafgarbe und Margeriten-Arten.
- Alte und Englische Rosensorten in einem formalen, von niedrigen Buchshecken eingefassten Gartenteil.
- Wildgehölze wie Schlehe, Haselnuss und Weißdorn begrenzen das Grundstück und ziehen Vögel an, die dort reichhaltige Nahrung finden.

Cottagegarten

Die Hauptrolle in dem bäuerlichen Garten spielen die Rosen. Zur Verstärkung haben sie sich schöne Stauden herangeholt.

Auf seinen Geschäftsreisen nach England wurde der Hausherr immer häufiger von seiner Ehefrau begleitet. Bald legte er seine Termine nur noch nahe ans Wochenende. Seine Frau hatte ihn nämlich mit ihrer Leidenschaft für britische Gartenkultur angesteckt. Direkt nach den Meetings entschwanden die beiden dann in die Cotswolds, einen der schönsten Landstriche Englands – berühmt für altmodische Dörfer und wunderbare Gärten.

Mitte der 90er-Jahre kaufte das Paar ein altes Fachwerkhaus im Weserbergland. Dort ließ es den Reiseerinnerungen konkrete Taten folgen und legte einen englisch inspirierten Garten an. Bei einem ihnen bekannten Gartenarchitekten, selbst ein Fan britischer Grünanlagen, holten sie sich Hilfe. Teile der weitläufigen Obstwiese um das Haus herum ließ er bestehen, stellte ihnen jedoch wunderschön bepflanzte Räume gegenüber – etwa das Herzstück der Anlage, den prachtvollen Rosengarten. Dafür wurde ein Teil der Fläche etwas eingeebnet, sodass er sich deutlich vom leicht ansteigenden Grundstück abhebt.

Eine etwa kniehohe Trockenmauer stützt die Böschung. Darüber erheben sich vor allem historische Rosenarten, und Stauden setzen sie eindrucksvoll in Szene. So baden die purpurroten Blüten der Rosa Gallica ›Charles de Mills‹ im zarten Rosa von Storchschnabel ›Apfelblüte‹. Das Weiß der Englischen Rose ›Winchester Cathedral‹ umgibt sich mit magischem Salbeiblau der Sorte ›Mainacht‹. Nach deren Hauptblüte rücken Staudenarten in den Vordergrund, die durch ihre Laubfarben wirken, wie Purpurglöckchen (Heuchera), Euphorbien und Bartfaden (Penstemon). Sie verlängern die Attraktivität der Beete über die Zeit der Rosenblüte hinaus. »Anfangs hatten wir geglaubt, uns eine Bodenverbesserung im Rosengarten sparen zu können«, sagt der Hausherr. Doch die Rechnung ging nicht auf. Die Pflanzen kamen mit dem schweren Lehm erst zurecht, als eine Schicht von rund 15 Zentimetern Kompost und Sand untergemischt worden war.

Neben der Laube im hinteren Teil des Rosengartens bietet das Grundstück ein Dutzend weitere Sitzgelegenheiten, etwa die Rundbank am Stamm eines mächtigen Birnbaums. Freie Sicht auf Sonnenuntergänge bietet der Platz am rot, gelb und orange blühenden Sommerbeet. Und von einer Wolke Thymianduft wird empfangen, wer sich auf der von einer Pergola aus Eichenholz gerahmten Terrasse an der Haussüdseite niederlässt.

Krönung
Die duftenden Kletterrosen ›Constance Spry‹ (rosa) und ›Veilchenblau‹ formen über den Pfosten aus geschältem Fichtenholz einen Himmel aus Blüten.

EXTRATIPP ROSENBEGLEITER
Stauden sind der ideale Hofstaat

Gönnen Sie den Rosen Gesellschaft. Niedrige Staudenarten wie Katzenminze, Frauenmantel, Sterndolde, Storchschnabel und Sommersalbei sind ideal dafür. Sie füllen die Lücken zwischen den Rosensträuchern mit Blütenpolstern. Dadurch entstehen hübsche Kombinationen, etwa rosa Rosen auf blau blühendem Grund oder Ton-in-Ton-Farbverläufe. Wichtig: Die Rosen wollen unbedrängt wachsen. Wuchernde Stauden in ihrer Nähe sind tabu. Am besten sind deswegen anspruchslose Arten, die wie die Rosen Sonne und durchlässigen Boden lieben. Sie werden mit mindestens 60 Zentimetern Abstand vom Wurzelstock gepflanzt. Kompakter Rittersporn oder Phlox sollte sogar einen Meter Abstand halten. Verteilen Sie den Dünger für die Rosen immer gezielt um die Pflanzen herum, damit die Nachbargewächse, die einen geringeren Nährstoffbedarf haben, nicht unnötig gemästet werden.

EXTRATIPP DUFTINSELN
Mut zur Lücke im Bodenbelag

Die Terrasse besteht aus unregelmäßig geformten Sandsteinplatten, die von Sandsteinpflaster gesäumt werden. Die Trägerschicht besteht aus Splitt, in dem sich Ameisen weniger gern einnisten als in Sand. Der Clou sind jedoch die Pflanzenpolster aus Thymian, Majoran, Pfingstveilchen und Schleierkraut der Sorte ›Rosenschleier‹, für die Aussparungen gelassen wurden. Diese wurden 20 Zentimeter tief mit einem Erde-Sand-Gemisch versehen. Die Wege zum Gehen und die Flächen für Tisch und Stühle wurden davon ausgenommen. Für den trockenen Standort kommen nur Gewächse infrage, die nicht schnell schlappmachen. Dazu zählt auch Katzenminze (Nepeta x faassenii), Oregano (Origanum vulgare) und die Römische Kamille (Camaemelum nobile), die sich zu duftenden Teppichen entwickelt. An schattige Stellen lassen sich Walderdbeeren (Fragaria vesca) setzen.

Ruhepol
Der Sitzplatz liegt am Rand des Strauchgürtels, der das Grundstück abschirmt. Er wird von blühendem Frauenmantel gerahmt.

Pfadfinder
Der Kiesweg mit Ziel romantische Laube schlägt sanfte Bögen durch die Pracht blühender Rosensträucher und üppiger Stauden.

Würdenträger
Sie trägt ihr purpurfarbenes Blütenhaupt mit Stolz: ›Charles de Mills‹ zählt zu einer der besten alten Rosensorten.

Werkbank
Eine Steinplatte wurde im Schatten einer Ulme zum Tisch aufgebockt. Auf ihm lässt sich der Nachwuchs feinmachen.

Paarbildung
Die Rose ›Paul's Himalayan Musk‹ nistet im Pflaumenbaum, und die Rundbank hat den mächtigen Birnbaum fest im Griff.

Partnerlook
Seine dunkelroten Stiele passen perfekt zu den Blüten des Sommersalbeis ›Caradonna‹.

Das macht den Charme aus

Das Grundstück mit seinen gut 3000 Quadratmetern wurde in Räume unterteilt, die der Anlage trotz seiner Größe einen intimen Charakter geben. Im Einzelnen finden sich dort ein abgesenkter Rosengarten mit Trockenmauer und Kieswegen, eine Streuobstwiese, eine große Terrasse mit Duftinseln aus Kräutern und zehn weitere Plätze zum Sitzen.

Tricks und Tipps
- Auf einem Natursteinsockel ragte das Gebäude anfangs hoch über das Grundstück hinaus. Jetzt wird es durch eine Pergola aus Eichenholz wie mit einer Spange auf ganzer Breite mit dem Garten verbunden.
- Rambler-Rosen immer an die Nordseite eines Baums setzen. Sie wachsen allmählich zum Licht und erobern auf diese Weise die gesamte Krone.
- Am Haus stehende Kletterrosen sollten alle paar Jahre behutsam vom Rankgerüst genommen und ausgelichtet werden. Anschließend werden sie fächerartig wieder am Gerüst befestigt.

Typische Pflanzen
- Historische Strauchrosen wie ›Charles de Mills‹ und ›Nuits de Young‹; Englische Rosen wie ›Charles Austin‹, ›Abraham Darby‹ und ›Graham Thomas‹ sowie viele Kletterrosen.
- Um das Grundstück herum ein breiter Wildgehölzgürtel.
- Viele verschiedene Stauden und Kräuter.

Designergarten

Geniale Aufteilung: Ausgewogene Proportionen spielen in dieser Anlage mit den sechs rechteckig angelegten Flächen eine entscheidende Rolle.

Kies, Wasser, Beet, Rasen und zwei Terrassen: In dem Düsseldorfer Garten ist alles überschaubar arrangiert und von der Genügsamkeit eines asiatischen Zengartens. Das Ensemble der stillen Flächen ist genau austariert – und dennoch liegt über ihnen eine schwer greifbare Spannung. Diese Dynamik entsteht durch die Pflanzen. Fahren Böen durch die Zweige der Hängebuche, wiegt der Baum sich wie im Tanz. Und die langstieligen Grazien auf der Rabatte, die Rosen, Rittersporne und Mohnblumen, schunkeln dazu wie im Takt.

»Vor zehn Jahren hatten wir einen ganz gewöhnlichen Garten«, erzählt die Hausherrin: eine knapp bemessene Terrasse, die von einem ovalen Beet begrenzt wurde, dahinter folgte die Rasenfläche. Diese konventionelle Aufteilung und die geschwungenen Formen passten eigentlich nicht zum Geschmack der Rheinländerin, die sich im Haus vor allem mit Bauhausklassikern umgibt. Auch draußen sollte daher eine klare Formsprache dominieren. Auf Blütenpracht wollte die Blumenliebhaberin auch nicht verzichten. Diese Herausforderung beantwortete der Gartenarchitekt mit einer Gliederung des Gartens in sechs rechteckige Parzellen.

Die Terrasse mit den Bodenplatten aus Kelheimer Auerkalk bietet jetzt mit rund 70 Quadratmetern viel Raum. Trotz einer langen Tafel und vieler prächtig bepflanzter Terrakottatöpfe wirkt sie noch immer großzügig. Von dort erstreckt sich ein schmales Wasserbecken zur gegenüberliegenden Grundstücksgrenze. Was auf den ersten Blick nicht auffällt: Es verjüngt sich und lässt den Garten so optisch größer erscheinen. Wie auf einer Breitbildleinwand bildet der klare Wasserspiegel Himmel, Baumkronen und die farbigen Blütenstände der benachbarten Rabatte ab.

Das bewegende Schauspiel lässt sich gut von dem höher gelegenen Sitzplatz aus beobachten, der den Garten um einen grünen Freiluftsalon erweitert. Umschlossen von hohen Eibenwänden, vor deren dunklem Grün die in Töpfen blühenden Callas strahlen, locken ein Trompetenbaum mit Schatten und Stühle des Designers Ron Arad mit weichen Sitzschalen. »Hier komme ich immer zur Ruhe«, sagt die Hausherrin, »ganz egal, wie gestresst ich bin.«

Streifenmuster
Lang gestreckte Rechtecke untergliedern den größten Teil des Gartens in Kiesweg, Becken, Beet und eine breite Rasenfläche. Sie bilden perfekte Proportionen, denen ein mathematisches Raster zugrunde liegt.

Das macht den Charme aus

Die 500 Quadratmeter große Anlage ist klar und übersichtlich gegliedert. Das Verhältnis der Flächen zueinander ist stimmig, und so strahlt der Garten eine magische Ruhe aus. Eine große Terrasse lässt viel Raum zum Leben unter freiem Himmel und für Gäste.

Tricks und Tipps

- Der Gartenarchitekt orientierte sich mit seinem Entwurf an den örtlichen Gegebenheiten: Die Ausrichtung der Flächen – Weg, Beet, Wasserbecken, Rasenfläche – lenkt den Blick auf die imposante Kulisse benachbarter Bäume.
- Hinter den Proportionen der einzelnen Flächen steckt ein mathematisches Raster. Sie sind nach den Gesetzen des Goldenen Schnitts in ein fein ausbalanciertes Verhältnis gesetzt.
- Der höher gelegte Sitzplatz und das abgesenkte Wasserbecken bringen Abwechslung und Dynamik in den Garten.
- Das Wasserbecken verjüngt sich und erscheint daher von der Terrasse aus betrachtet länger. Der Garten wird dadurch optisch gestreckt.
- Die bunte Beetbepflanzung setzt im Sommer einen üppigen Kontrast zur reduzierten Farbgebung der anderen Gartenteile, die sich auf Weiß, Grün und Grau beschränkt.

Typische Pflanzen

- Die üppige Sommerbeetbepflanzung entspricht der eines Cottagegartens: Rittersporn, Türkenmohn, Bergflockenblumen (Centaurea), Spornblumen (Centranthus) und wunderschöne Strauchrosen.
- Hohe Eibenhecken umschließen den Sitzplatz wie Wände. Ein Trompetenbaum spendet Schatten. Calla in Töpfen setzen ihre weißen Blüten in diese grüne Kulisse.

Klare Verhältnisse
Eine Stahlkante trennt den Weg aus grauem Kalksplitt vom Tulpenbeet, auf dem im Frühjahr die Tulpe ›White Triumphator‹ den Ton angibt.

Gedrängel
Im Sommer bevölkert eine üppige Staudengesellschaft die Rabatte, die dann an ein Cottagegartenbeet erinnert.

Grenzziehung
Wie eine Insel wirkt der Platz mit den zwei Designerstühlen unter dem Trompetenbaum, den das Wasserbecken optisch trennt.

Edelmarke
Im Mai säumen Callas den Sitzplatz unter dem Trompetenbaum. Das elegante Topfgewächs bleibt den Sommer über draußen und muss dann frostfrei überwintern.

Grüne Gartenzimmer

Man muss sich zwicken, um sicher zu sein, nicht zu träumen: Jeder Schritt durch dieses zauberhafte Gartenreich offenbart neue botanische Überraschungen.

Gerade noch lenkten Hummeln mit lautem Brummen zwischen Lupinen, Wilder Möhre und Kuckuckslichtnelken die Aufmerksamkeit auf sich. Jetzt taucht am Ende eines wellenförmigen Heckengangs ein Pavillon auf. Clematisblüten umschlingen das weiße Gitterwerk. Vor einem der Ausgänge lockt eine ebenfalls märchenhafte weiße Welt, in der Rosen von Iris, Glockenblumen, Storchschnabel und graulaubigem Heiligenkraut hofiert werden. Und da hinten, winkt da nicht eine Gestalt mit Jacke und großem Hut? Vorbei an Spalierbäumen, die sich zum Blätterdach verschränken, einem ornamentalen Kabinett aus Buchsbäumen, einem malerischen Gemüsegärtchen und einem kleinen Teich, dessen Oberfläche von Blüten in Gelb und Blau gesprenkelt ist, endet der Weg vor – einer Statue aus Stein. Wie in Siebenmeilenstiefeln lässt sich der Garten im holländischen Heerlen erleben. Jeder Schritt öffnet ein neues Bild, führt zu überraschenden Ansichten. Eine Reihe Wasser speiender Tierköpfe erinnert an die italienische Renaissance, die Heckengänge verschlucken den Besucher ähnlich wie im barocken Versailles, das Wäldchen entrückt in eine alpine Welt, und das purpurfarbene Beet gaukelt ein Stück britischen Cottagegarten vor. Auf rund zwei Hektar einer ehemaligen Obstwiese sind hier Impressionen aus halb Europa versammelt.

Nach welchem Masterplan wurde hier vorgegangen? Solche Fragen machen die Schöpferin dieser Anlage, die vor langer Zeit Innenarchitektur studierte und fünf Kinder großzog, bevor sie sich vor 23 Jahren intensiv ihren grünen Passionen widmete, etwas verlegen. »Vieles hier ist durch puren Zufall entstanden.« Und dann erzählt sie die Geschichte von den zwei Buchenstämmchen. Die hat sie nämlich einfach liegen lassen, als das Klingeln des Telefons sie beim Pflanzen einer Hecke unterbrach. Heute sind sie zu zwei stattlichen Kugelbäumen herangewachsen und kennzeichnen dekorativ den Ort, an dem die Hausherrin sie

Ruhezone
Im »Grünen Garten« sind die Buchshecken zu barocken Ornamenten geformt. Hier kann man sich von der Farbenpracht anderer Gartenteile erholen.

damals zurückgelassen hatte. Auch der Anstoß zum weißen Garten kam durch Zufall: Die Familie hatte ihr einen prächtigen weißen Pavillon geschenkt. Und das Blumenkabinett in verschiedenen Rottönen entstand zu Ehren einer Rose. Ihr Kirschrot passte einfach in kein anderes Farbschema. Doch trotz dieser Geschichten ist nicht zu leugnen, dass die Designerin ein außergewöhnliches Gespür dafür besitzt, Räume geschickt in Szene zu setzen und dabei besondere Stimmungen entstehen zu lassen. Das hat sie mit 18 verschiedenen Gartenzimmern par excellence vorgeführt. Die kreativen Herausforderungen halten die 69-Jährige jung. Jedes Jahr ordnet sie den Nutzgarten für Gemüse und Kräuter zu einer neuen Choreografie. Sie stöbert in Samenkatalogen nach den farbenprächtigsten Blumen für ihre Staudenrabatten, sie sät, pflanzt und erntet voller Energie. Nur das Unkrautziehen macht ihr inzwischen Mühe, was sie bedauert: »Beim Zupfen kommen mir immer die besten Einfälle.«

Blätterdach
Der Platanenweg spendet im Sommer Schatten. In der Ferne schaut eine Figur aus Sandstein vom Sockel.

Schöner Nutzen
Neben Kräutern, Salat und anderem Gemüse sorgen Rosen und Buchsbaumfiguren für eine geschmackvolle Note des Gartens.

Grüne Gartenzimmer | 35

EXTRATIPP GARTENZIMMER
So wird das Leben draußen wohnlicher

Gärten sind erweiterte Wohnräume, die sich einrichten lassen. Die Engländer haben diesen Gedanken zu Beginn des letzten Jahrhunderts wörtlich genommen. Sie schufen in Anlehnung an die Zimmer eines Hauses Gartenzimmer, in denen Gemüse gezogen, Rosen gepflegt, beim Plätschern eines Brunnens gelesen oder mit der Familie Crocket gespielt wurde. Hohe, geschnittene Hecken und Mauern teilen die Räume voneinander ab. Türähnliche Öffnungen, teils in Form von Bögen, verbinden sie miteinander. Der Garten erscheint begehbar wie ein Gebäude. Jeder Raum erfüllt eine Funktion. Den Grünraum hinter dem Haus zumindest gedanklich in Zimmer aufzuteilen, ist hilfreich, wenn man den Garten plant. Was will die Familie dort tun? Welche Pflanzen sind wichtig und welcher Einrichtungsstil? Die Beantwortung solcher Fragen führt zu einer sinnvollen Gliederung.

EXTRATIPP FARBBEETE ANLEGEN
Pflanzen thematisch auswählen

Mitte des letzten Jahrhunderts gestaltete die Britin Vita Sackville-West einen Teil ihres Gartens in Sissinghurst ausschließlich mit weiß blühenden Gewächsen. Das hat viele Nachahmer gefunden. Hier in Heerlen gab ein weißer Pavillon den Impuls zu solch einem Garten. Er wird von einer knapp zwei Meter hohen Eibenhecke gerahmt. Davor liegen Beete mit Rosen, Phlox, Rittersporn, Schwertlilien, Glockenblumen und vielen anderen Pflanzen, die alle eines gemeinsam haben: weiße Blüten – kein Sammelsurium, sondern eine durch und durch komponierte Anlage. Die Pflanzen sind nach Höhe gestaffelt, die niedrigen vorn, dahinter die höheren, Rosensträucher untergliedern die Beete, graulaubige Arten, etwa Edelrauten, ergänzen das Farbschema ebenso wie einjährige Blumen, die im Sommer hinzukommen, und weiße Tulpen beherrschen im Frühjahr die Szene.

Bohnenbeilage
Die Stangenbohnen ragen aus einem Erdbeerkarree heraus, das von einer Reihe rotem Salat begrenzt wird.

Treffpunkt
Kletterrosen und Klematis schließen den Scheitel des Rosenbogens, der auf das Haus zuführt.

Schlangenlinie

Die Wildheit der Blumenwiese bildet einen schönen Kontrast zu den wohlgeformten Buchenwänden. Bei ihrer Höhengestaltung wurde getrickst: Tatsächlich steigen sie zum Taubenhaus an. Perspektivisch erscheint die geschwungene Heckenkrone jedoch einheitlich hoch (Foto rechts: Winteransicht).

Das macht den Charme aus

Die Gestaltung greift Stile aus verschiedenen Epochen der Gartengeschichte auf. Mit diesen stilistischen Anleihen wurden achtzehn Gartenzimmer gestaltet, darunter vier Farbgärten. Ein großer Nutzgarten versorgt die Familie darüber hinaus mit Obst, Gemüse und Kräutern.

Tricks und Tipps
- Die Buchenhecke zum Taubenhaus steigt leicht an. So erscheint die Heckenkrone in der Perspektive einheitlich hoch.
- In den Gemüsebeeten sorgen Salate und Basilikum für hübschen Farbenschmuck. Zwischen die Bohnenstangen wird im Frühjahr Feldsalat gesät. Wenn der sprießt, entstehen dort schon grüne Muster, lange bevor die Bohnensprösslinge die Stangen erklommen haben.
- Im Herbst kommen auf alle Stauden- und Blumenbeete Mist und Kompost, damit die Pflanzen im folgenden Jahr gut mit Nährstoffen versorgt sind.
- Die Formen der Buchsbaumornamente zeichnete die Hausherrin zuerst mit dem Finger in die weiche Erde und füllte sie dann mit weißem Sand. So machte sie sich eine Vorstellung davon, wie es später aussehen könnte. Erst als sie zufrieden war, wurden die kleinen Buchspflanzen gesetzt.
- Im Sommer stehen immer einige Töpfe mit blühenden Pflanzen bereit, um etwaige Lücken in den Beeten zu füllen.

Typische Pflanzen
- Für die unterschiedlich hohen Hecken wurden Buchsbäume, Eiben und Rotbuchen verwendet.
- Das gesamte Repertoire der Pflanzen umfasst mehr als 130 verschiedene Arten.

Mediterraner Reihenhausgarten

Ein kleines Grundstück wächst zu wahrer Größe: Klare Konturen und eine gelungene Aufteilung der Flächen lassen im Garten eine entspannte Atmosphäre entstehen.

Bei der Entscheidung, den Garten neu zu gestalten, hat die Natur nachgeholfen. Ein Wirbelsturm fegte vor sieben Jahren durch die Reihenhaussiedlung bei Osnabrück und riss die alte Fichtenhecke um. Daraufhin lag der Garten wie auf einem Präsentierteller da. Das gab den Impuls, einen Gartenarchitekten zu beauftragen. Mit dessen Plan tat sich die Hausherrin anfangs jedoch schwer. »Ich hatte meinen Garten ursprünglich naturnah angelegt, mit geschlängelten Wegen. An den geradlinigen Entwurf musste ich mich erst gewöhnen«, erinnert sie sich. Als erst mal die vorhandenen Bambus- und Kirschlorbeerhecken gegen Buchsbaum und Lavendel ausgetauscht worden waren, gelang ihr das jedoch ganz gut, denn dadurch bekam die gesamte Anlage mediterranen Charme.

Die Grundzüge der Gestaltung basieren auf der Idee von Symmetrie. Eine schlichte Bepflanzung in dezenten Weiß-, Grün- und Blautönen bringt diese schön zur Geltung. Kiesflächen, Holzdecks und hellrote Klinkermauern betonen die klare Formsprache. In den Miniaturfeldern entlang der Mittelachse blüht Lavendel. Er wird von niedrigen Buchsbaumhecken gesäumt. Ein Seerosenbecken erstreckt sich quer über die gesamte Breite des Gartens. Eine schlichte Holzbrücke halbiert seine Fläche zu gleichen Teilen, was die Spiegelbildlichkeit der Anlage nochmals betont.

Von der höher gelegenen Terrasse am Haus wird der Blick über den ganzen 150 Quadratmeter großen Garten zu einer Bank gelenkt, die am Ende vor einer gut mannshohen Backsteinmauer steht. Sie zeigt schon Patina, denn die Steine, aus denen sie errichtet wurde, hat der Gartenplaner bei einem Abbruchhaus entdeckt. Eine weitere, nur kniehohe Mauer mit Lavendeltöpfen und vier Blumenhartriegel (Cornus kousa ›Satomi‹) rahmen diesen Sitzplatz. Den mediterranen Aspekt verstärkt die Hausherrin, wo sie nur kann. So stehen auf der Terrasse Terrakottatöpfe mit Rosmarin, Oleander und prächtig blühenden Schmucklilien (Agapanthus). »Mein Mann und ich nutzen diesen geschützten Ort, sobald es das Wetter zulässt«, sagt sie.

Blickpunkt
Die zu Kugeln geformten Buchsbäume betonen die Achse, die den Blick auf die Bank vor der Backsteinmauer lenkt.

Loge
Zwischen den Lavendelfeldern an der Grenze zum Nachbarn entstand ein Sitzplatz vor grünen Rankgittern.

Südländer
Die Mauer schützt die Phalanx mediterraner Gewächse von Rosmarin, Schmucklilie und Oleander.

Ausguck
Die Holzterrasse bietet Platz für Korbmöbel und Kübelpflanzen sowie einen guten Überblick über den Garten.

Das macht den Charme aus

Die Anlage ist zwar lang und schmal und sie erschließt sich dem Betrachter mit einem Blick, doch ist sie abwechslungsreich gegliedert: mit kleinen mediterranen Beeten, einem Wasserbecken, Backsteinmauern, schirmförmigen Bäumen und Plätzen zum Sitzen. So entsteht eine räumliche und wohnliche Atmosphäre.

Tricks und Tipps
- Um die Wege, Beete und Rasenflächen voneinander zu trennen, bieten sich dünne Edelstahlkanten an. Sie werden hochkant eingegraben, sind schlicht und beanspruchen kaum Platz.
- Gehölze an einem Spalier aus Drahtseilen zu ziehen, spart ebenfalls Platz. Neben Obstbäumen werden auch andere Gehölze als Spalierbäumchen angeboten.
- Wege und Wasserrinnen lenken das Auge auf einen Zielpunkt. Solche Achsen lassen einen kleinen Garten weiter erscheinen. Blickfang am Ende der Achse kann eine Bank sein.

Typische Pflanzen
- Die südländische Note liefern Lavendel und graublättrige Stauden in den Beeten sowie Oleander, Rosmarin und Schmucklilien (Agapanthus) in Töpfen.
- Den wintergrünen Rahmen bilden niedrige Buchsbaumhecken und Buchsbaumkugeln.
- Die als Hochstämme gepflanzten Blumenhartriegel beschatten den Sitzplatz. Alternativ sind Judasbäume denkbar. Sie würden den mediterranen Charakter noch stärker hervorheben.

Ideen für schöne Terrassen und Balkone

So machen Sie mehr aus Ihren Plätzen direkt am Haus

Terrasse im Landhauslook

*D*er Terrasse mit Waschbetonplatten und schnörkellosem Metallgeländer sieht man noch jetzt die frühen 70er-Jahre an, in denen das Haus gebaut wurde. Mit einfachen Mitteln wurde ihr ein zeitgemäßer Look verpasst: In verschiedenen Grüntönen gestrichene Holzwände, alte Kisten und Körbe sowie schlichte Töpfe ergeben eine reizvolle Mischung aus Landhaus und Purismus. Was beide Stile verbindet, sind die vielen Naturmaterialien, die bei der Gestaltung verwendet wurden.

Logenplatz
Im gepolsterten Deckchair lässt sich gut Siesta halten. Das Gras sorgt für ein entspannendes Rascheln.

Trophäen
Fundstücke, wie die vom Wasser rund geschliffenen Steine, lassen sich immer wieder neu arrangieren.

Extratipp Miniteich
Ein ganz privates Seestück

Zinkwannen, Holzbottiche, farbige Kunststoffbehälter oder einfach große Blumentöpfe ohne Loch im Boden – sie alle lassen sich schnell zu einer kleinen Wasserstelle machen. Suchen Sie hübsche Teichpflanzen aus, z. B. die schmalblättrige Sumpfiris mit weiß-grünem Laub, und dazu einige Sumpfgräser. Stellen Sie die Pflanzen einfach mit den Töpfen ins Gefäß. Ideal wäre, wenn Sie das Leitungswasser, das Sie nun einfüllen, mit echtem Teichwasser mischen könnten, damit sich rasch das optimale Milieu einstellt. Nun können Schwimmblattpflanzen wie Muschelblume und Feenmoos hinzukommen – und eine Seerose. Sie muss von zartem Wuchs sein, etwa die rot blühend Nymphaea pygmaea ›Rubra‹. Treiben dann noch einige Blüten auf dem Wasser, ist das Seestück perfekt.

Außenzimmer
Die Holzwand hält den Nachbarn außer Sichtweite, und die Dusche schafft an heißen Tagen Strandbad-Flair.

Naturtöne
Die zwei ungewöhnlichen Gefäße mit jeweils einem Lampenputzergras harmonieren mit der alten Kiste und der Holzwand.

Kontrastprogramm
Der Steinguttopf mit glatter Oberfläche und verschiedenen Gewächsen sorgt für eine moderne Note innerhalb des Arrangements.

Das macht den Charme aus

Individuelle Lösungen: Die Wand aus rauen Brettern wurde von einem Tischler angefertigt und anschließend grün und weiß gestrichen. Dazu geben viele Naturmaterialien den Ton an.

Tricks und Tipps
- Suchen Sie auf Floh- und Gartenmärkten nach alten Kisten und Körben und setzen Sie Pflanzen hinein.
- Mit Fundstücken dekorieren: z. B. mit rund geschliffenen Steinen oder geglätteten Hölzern vom Strand.
- Lassen Sie sich vom Tischler aus rauen Brettern eine Holzwand zimmern. Solche individuellen Lösungen haben mehr Charme als die Fertigelemente aus dem Handel.
- Zum Landhauslook passen Holz, Zink und Geflochtenes aus heimischen Hölzern wie Weide und Haselnuss.
- Puristische Elemente wie der Steinguttopf schaffen reizvolle Kontraste.

Typische Pflanzen, die auch im Topf gedeihen
- Stauden wie Katzenminze, Margeriten, Purpur-Sonnenhut, Silberblatt-Salbei (Salvia argentea) und verschiedene Gräser.
- Einjährige Blumen wie Schmuckkörbchen, Sommer-Astern, Löwenmäulchen, Pelargonien, Verbenen und Blaue Gänseblümchen.

Dachterrasse mit Gräsern

*Ü*ber den Dächern von Köln werden Stimmungen geweckt, die an Ferne denken lassen. Als Kind verbrachte der Hausherr die Ferien häufig auf einer ostfriesischen Insel. Dünengräser, Wattenmeer und das Gekreisch der Seevögel prägen seine Erinnerungen. Später packte den gelernten Floristen das Fernweh, und er machte Urlaube in Asien, Australien und Afrika. So verschmilzt in der Bordüre aus Federgras, die den Garten wie ein flauschiger Kragen umgibt, die knallgrüne Grassteppe am Fuß des Kilimandscharo mit der windzerzausten Landschaft der Nordsee.

Grüne Lagune
Smaragdfarbene Gefäße gliedern die Dachterrasse. Marokkanische Tongefäße (hier mit Steppenkerzen) schmücken sie. Bambus, Federgras und Funkien formen einen Rahmen, durch den der Wind rauscht.

Hochmoor
Einmal ins Wasser gesetzt, breiten sich die Sumpfsimsen auch in einem Topf erfreulich schnell aus.

Riesengras
Der Bambus (Fargesia) bietet Sichtschutz und ein angenehm sanftes Laubrascheln.

Grünstreifen
In den quadratischen Miniteichen treibt die tropische Schwimmblattpflanze Phyllanthus fluitans, die man im Zoohandel bekommt.

Dachterrasse mit Gräsern | 55

Ruhezentrum
Die Holzliege stammt aus Indonesien. Sie bietet sich zum Entspannen an und zum Ausbrüten neuer Reiseziele.

Tafelbild
Der hintere Teil der Dachterrasse wird von Binsen, Funkien und Bambus gerahmt. Dort stehen Esstisch und Stühle für ein gemütliches Beisammensein.

Extratipp Pflanzenspezialisten
Der Schatten blüht auf

In der Natur erobern sich Pflanzen Nischen, in denen sie sich gut gegen die Konkurrenz behaupten können. Waldpflanzen etwa, die sich in den Schatten der Bäume zurückgezogen haben, besitzen häufig große, dünnhäutige Blätter, mit denen sie das spärliche Sonnenlicht optimal einfangen. Verpflanzt man solche Gewächse in den Topf, sollten ihre Bedürfnisse auch am neuen Standort, etwa auf dem Balkon, berücksichtigt werden. Sie dürfen nicht in die pralle Sonne. Viele Blumen, die gewöhnlich von Sonnenlicht verwöhnt werden, blühen im Schatten hingegen nur mäßig. Dieses Problem kennen vor allem Besitzer eines Nordbalkons. Doch auch sie können ihren Himmelsplatz begrünen, etwa mit ehemaligen Waldpflanzen wie Farnen und Funkien (auf der Dachterrasse stehen sie im Schutz von Bambus und Balustrade). Und auch auf blühende Sommerblumen müssen sie nicht verzichten. Gut schattenverträglich sind folgende Arten: Fleißige Lieschen, Fuchsien, Knollenbegonien, Schneeflockenblumen und die Wolfsmilch Euphorbia ›Diamond Frost‹.

Das macht den Charme aus

Eine eigentümliche Exotik: Neben braunen Holztönen dominiert Grün in Form von buschigem Bambus, ovalblättrigen Funkien und smaragdgrünen Polyestergefäßen.

Tricks und Tipps

- Für die perfekte Inszenierung wird das Gras in großen Balkonkästen im Sommer zurückgeschnitten, bevor es Grannen bildet und vertrocknet. So treibt es noch einmal frisch aus.
- Heidekrautmatten verdecken die Brüstung, auf der die Kästen mit dem Gras stehen. Ihre Farbe erinnert an Holz, das von salziger Luft ausgelaugt wurde.
- Große Tongefäße aus Marokko werden wie Kunstobjekte präsentiert. Hier kommen je nach Anlass und Jahreszeit frische Schnittblumen (hier Steppenkerzen), trockene Gräser oder (etwa vor Weihnachten) geschmückte Zweige hinein.

Typische Pflanzen, die auch in Töpfen gedeihen

- Gräser wie Federgras (Stipa pennata) und Bambus (Fargesia).
- Eine Sammlung verschiedener Funkien.
- Heimische Wasserpflanzen wie Wollgras (Eriophorum angustifolium) und Sumpfsimsen (Eleocharis palustris) sowie tropische Schwimmblattpflanzen wie Phyllanthus flutans.

Rot-weißer Balkon

Der Balkon beeindruckt durch sein schlichtes Weiß, das durch einige rote Akzente belebt wird und die Szenerie plastischer erscheinen lässt. Es wurden keine neuen Möbel mit glatten Oberflächen verwendet, sondern solche mit Gebrauchsspuren. Dieser sogenannte Shabby Chic gibt den Stühlen und Tischen die Aura vergangener Tage. Ihren angestoßenen Ecken und der abblätternden Farbe sieht man an, dass sie schon lange in Gebrauch sind und ihre eigene Geschichte zu erzählen haben. Auch das lässt die Sitzgruppe lebendiger erscheinen.

Grünraum
Hinter dem Balkongitter schweift der Blick über die Anlage eines kleinen Parks.

Extratipp Tomaten kultivieren
Ein geschützter sonniger Platz lässt sie reifen

Tomaten lieben die Wärme. Daher kommen sie gern aus den sonnenverwöhnten Ecken Europas wie Spanien oder Italien. Doch auch der Balkon, besonders der in Südlage, kann zu einer richtigen Sonnenfalle werden – und damit zum Idealstandort für Tomaten. Das hat noch den Vorteil, dass Sie mit dem Eigenanbau das Sorteneinerlei der Supermärkte umgehen können. Mit Glück finden Sie Jungpflanzen wohlschmeckender Sorten in einer Gärtnerei oder auf dem Wochenmarkt. Dann bleibt Ihnen die etwas mühsame eigene Anzucht der Pflanzen auf der Fensterbank erspart. Da Tomaten reichlich Nahrung brauchen, gehören sie in einen Topf mit mindestens 30 Zentimetern Durchmesser. Zudem brauchen sie regelmäßig Dünger und Wasser. Die aus den Tropen Südamerikas stammende Pflanze ist ein stark wucherndes Kraut, das gebändigt werden muss. Dazu dient ein Stab, der dem dicken Haupttrieb Halt gibt, und das ständige sogenannte »Ausgeizen«: Alle Seitentriebe, die oberhalb eines jeden Blattes entspringen, müssen ausgebrochen werden, damit die Pflanze überschaubar bleibt. Sie sollten bei diesen Arbeiten Handschuhe tragen, sonst holen Sie sich schnell grüne Finger. Bei den kleinwüchsigen Buschtomaten entfällt das Ausgeizen. Und sie können sogar in einen Balkonkasten gepflanzt werden.

Doppelpack
Basilikum ist nicht nur lecker, sondern auch hübsch anzusehen. Hier stehen gleich zwei Töpfe dieses würzigen Krauts bereit.

Rote Beeren
Wie praktisch, wenn Tomaten und Erdbeeren direkt vor der Tür wachsen. Frisch geerntet, schmecken sie immer noch am besten.

Hochkultur
Im Gemüsebeet in den Kisten wird Mangold herangezogen. Gleich daneben warten Gurken darauf, gepflückt zu werden.

Das macht den Charme aus

Einfache Mittel sind effektvoll eingesetzt: Die Farbe der Möbel und des Balkongeländers sind aufeinander abgestimmt. Vor dem hellen Hintergrund leuchten die roten Akzente besonders.

Tricks und Tipps
- Das Motto »von der Hand in den Mund« hat die Auswahl der Pflanzen bestimmt.
- Durch die Kräuter, Zucchini und Paprika kommt als weitere Farbe Grün hinzu. Das verleiht dem Gesamtbild Ruhe.

Typische Pflanzen, die auch im Topf gedeihen
- Verschiedene Tomatensorten, Paprika, Chili, Mangold der Sorte ›Bright Lights‹, Zucchini, Basilikum und Erdbeeren.
- Als Ergänzung zu diesem eher landhausartigen Arrangement sind wegen ihrer roten Blüten vor allem Kapuzinerkresse, Zinnien und Pelargonien denkbar.

Mediterraner Balkon

Ein Nachmittag in diesem Ambiente ist fast schon wie eine Reise in den Süden. Gerade die Landschaft Italiens verzaubert mit den Aromen von Kräutern wie Rosmarin, den Natursteinmauern und dem silbrigen Grün der Olivenhaine. Diese Vielfalt aus Farben, Düften, Formen und Materialen holt das mediterrane Flair auch auf einen norddeutschen Balkon. Passend zum roten Backstein und den weißen Fenstern stehen dort schon weiße Holzmöbel, die sich einfach integrieren lassen.

Sonnenplatz
Zwischen Lorbeerbäumchen, Olive und Bougainvillee werden Träume an Italien wach.

Klassiker
Das Olivenbäumchen macht auch im Eimer noch eine gute Figur, wenn es einen Platz in der Sonne bekommt.

Hochstapler
Auf der Etagere lassen sich die südländischen Gewächse in den Töpfen gut präsentieren.

Extratipp Pflanzen in Kübeln
Pflege südländischer Gewächse

Nostalgische Rosen wie auf diesem Balkon sind auch in Italien beliebt. Dort blühen sie allerdings schon im Mai und nicht wie in unseren Breiten erst im Juni. In der Sommerhitze müssen sie einmal täglich kräftig gewässert werden, vor allem solche im Topf. Wichtig ist, dass der gesamte Wurzelballen durchdringend Wasser erhält, das Laub aber trocken bleibt. Unter den echten Südländern braucht der Oleander regelmäßig eine ordentliche Dusche. Aber auch hier gilt: Nur den Ballen wässern und nicht die ganze Pflanze. Anders als bei Rosen schneidet man ihm das Verblühte nicht heraus. Um den Blütenreichtum zu stimulieren, bekommt er alle zwei Wochen Flüssigdünger. Lorbeer, Oliven und mediterrane Kräuter werden nur im Frühjahr einmal gedüngt. Sie vertragen auch längere Durststrecken. Zitrusgewächse rangieren dazwischen: nicht zu nass halten und mäßige Kost in Form von Zitrusdüngern. Über Winter wollen dann alle dasselbe – einen frostfreien Platz.

Das macht den Charme aus

Verbindung von norddeutschem Backstein und mediterranem Flair: Lorbeerbäumchen, Olive, Bougainvillee und duftende Mittelmeerkräuter sorgen für das richtige Beiprogramm.

Tricks und Tipps
- Ein graugrüner Blattfilz zeigt an, dass Pflanzen gut mit Hitze zurechtkommen.
- Als Bodenbelag bieten sich Terrakottafliesen an.
- Die im Süden typischen Eisenmöbel und klassische Schmuckelemente wie Figuren und Gefäße aus Terrakotta runden das mediterrane Arrangement ab.

Typische Pflanzen, die auch im Topf gedeihen
- Duftende Halbsträucher wie Salbei, Lavendel, Rosmarin, Ysop und Currykraut.
- Mittelmeergewächse wie Lorbeer, Oleander, Olive, Bougainvillee, Schmucklilie und Citrus, die alle als Kübelpflanzen angeboten werden.
- Pelargonien, wie sie jedes Haus am Mittelmeer zieren, häufig sind auch Duftpelargonien darunter. Leere Olivenölkanister wären dafür stilechte Gefäße.

Moderner Balkon

In den Tönen Grau, Weiß und Blau präsentiert sich der Balkon in einer modernen, edlen Verfassung. Die Stoffbespannung an der Balustrade macht ihn wohnlich, ebenso die Polster auf den Stühlen und die hübschen Blüten der Blaurauten und Rosen. Die minimalistische Gestaltung korrespondiert mit den Vorlieben der Hausherrin, die ihre Wohnung mit modernen Möbelklassikern eingerichtet hat. Blumen und Stoffe sind für sie dort ebenso unverzichtbare Elemente, um Wärme in die Räume zu bringen.

Fortsetzung
Die moderne, minimalistische Gestaltung des Außenraums entspricht der Einrichtung der Wohnung.

Extratipp Schönes Laub
Ein Mix reizvoller Texturen

Haben Sie sich schon einmal die Blätter einer Pflanze genauer angeschaut? Die Blüten fallen sofort auf – große, prachtvolle werden meist bevorzugt. Die dezenten Farben der Blätter können damit nicht mithalten. Dafür zeigen sie reizvolle Formen, die im Gesamtbild als Textur bezeichnet werden. So ist das Schwertlilienblatt lang, schmal und glatt. Die Textur ist ein vertikales Streifenmuster. Ähnlich verhält es sich mit den Gräsern. Sie sind jedoch feiner und weicher und wirken organischer. Heiligenblumen haben kleine gefiederte Blätter, jedes ist sehr filigran. Ihr Gesamteindruck ist jedoch amorph und struppig. Zu einem glatten Topf entsteht so wiederum ein reizvoller Kontrast. Wesentlich für den Charakter einer Pflanze ist also ihr Erscheinungsbild, das die Form von Blatt und Blüte bestimmt. Das Laub jedoch ist länger präsent als die Blüte. Deshalb verdient es besondere Aufmerksamkeit.

Hochbeet
In dem Topf aus Faserzement flankieren vier Katzenpfötchen (Antennaria) einen voll erblühten Zitronen-Thymian.

Kuschelecke
Mit einem Haufen Kissen wird es auch auf dem Balkon richtig gemütlich. Die Abspannung am Gitter bietet Sicht- und Windschutz.

Das macht den Charme aus

Die Mischung aus Purismus und Wohnlichkeit: Der Balkon wirkt stilvoll, modern und dennoch nicht kühl. Die Stoffbespannung an der Balustrade und die Polster machen ihn gemütlich. Es dominieren dezente Farben. Lavendel, Thymian und die graublättrigen Stauden bringen eine mediterrane Note ein.

Tricks und Tipps
- Lassen Sie sich von einem Schneider aus einem wetterfesten Stoff einen Wind- und Sichtschutz für das Balkongeländer anfertigen. Das macht den Balkon noch kuscheliger.
- Relativ schwere Gefäße, etwa solche aus Faserzement, lassen sich auf einem passenden Rollgestell bewegen.

Typische Pflanzen, die auch im Topf gedeihen
- Rosen in Weiß oder Cremegelb (hier die Sorte ›Inner Wheel‹ mit duftenden Blüten).
- Verschiedene Lavendelsorten sowie Blaurauten, die ab August blühen und aussehen wie große Lavendelbüsche.
- Stauden mit grauem Laub wie Katzenpfötchen (Antennaria dioica), Heiligenblume, Blau-Schwingel (Festuca cinerea) und Mittelmeerwolfsmilch (Euphorbia characias ssp. wulfenii).
- Sommerblumen wie die weiß blühende Wolfsmilch ›Diamond Frost‹, ein blauvioletter Elfenspiegel und weiße Wandelröschen.

Das sollten Sie beherrschen

Die wichtigsten Handgriffe, Schritt für Schritt erklärt

Wie nahrhaft ist der Boden?

Die braunen Krümel sind keine leblose Materie, sondern der fruchtbare Grund allen Wachstums.

Im Mutterboden tummeln sich Myriaden kleiner Lebewesen. Sie sorgen dafür, dass sich die mineralischen Erdpartikel mit schwarzem Humus mischen, dem Stoff, der Boden zu Mutterboden werden lässt. In dessen obersten Schichten machen sich Bakterien, Pilze, Asseln, Springschwänze und Regenwürmer über abgestorbene Blätter und andere organische Abfälle her. So entsteht der Humus. Er macht die Böden locker und luftig und sorgt dafür, dass Feuchtigkeit sowie Nährstoffe gespeichert werden und den Pflanzen zur Verfügung stehen.

Deshalb versorgen Gärtner den Boden mit viel organischer Substanz, am besten in Form von Kompost. Ein Komposthaufen ist wie ein großer Brutofen, in dem Kubikmeter von Laub, Rasenschnitt, Holzhäcksel und organischen Küchenabfällen zu Humus verwandelt werden. Ausgereifter Kompost ist das Beste für einen Boden. Wer keinen eigenen Komposthaufen besitzt, bekommt Komposterde auch beim Gärtner. Sie ist aber nicht mit Blumenerde zu verwechseln, die hauptsächlich aus Torf besteht. Jedes Frühjahr sollten pro Quadratmeter etwa drei Liter Kompost auf den Beeten verteilt werden. Das ist gut für das Gefüge und die Nährstoffreserven des Bodens. Denn Kompost wirkt auch wie ein Dünger. Achten Sie bei Ihrem eigenen Komposthaufen darauf, dass kein Unkraut dorthin gelangt. Dessen Samen würden sonst später wieder auf den Beeten verteilt.

Wenn Sie wissen wollen, wie fruchtbar der Boden in Ihrem Garten ist, stechen Sie ein Stück mit dem Spaten aus und legen es vorsichtig vor sich hin. Nun werden Sie mehrere Schichten entdecken. Die oberste ist der sogenannte Humushorizont. Je mächtiger er ist, desto nahrhafter ist der Boden. Wurde auf Neubaugrundstücken diese oberste Schicht abgetragen, braucht es Jahre, um den Boden für die Pflanzen wieder fruchtbar zu machen. Lassen Sie sich daher niemals den Mutterboden wegnehmen.

Nützliche Zutaten
Das Tonmineral Bentonit (links) sorgt dafür, dass sandige Böden länger feucht bleiben. Sand (oben) macht Tonböden luftiger. Komposterde (rechts) verbessert jede Art von Boden.

Welche Bodenart haben wir?

Jeder richtige Grünfinger will wissen, auf was für einem Boden er ackert. Denn dann weiß er etwa, wie nahrhaft der Grund für die Pflanzen ist. Das Ausgangsmaterial sind zunächst einmal Mineralien. Leichte Böden bestehen überwiegend aus Sand. »Leicht« heißt in diesem Fall, leicht zu bearbeiten, denn diese Böden sind locker und luftig. Zu ihren positiven Eigenschaften gehört auch, dass sie sich im Frühjahr rasch erwärmen und dass Wasser in ihnen schnell versickert. Sofern der Untergrund nicht durch feste Schichten blockiert wird, droht diesen Böden nie Staunässe. Dafür trocknen sie rasch aus. Tonböden stellen das genaue Gegenteil dar. Sie gelten als feucht und schwer. Es kostet viel Kraft, sie zu bearbeiten. Nach ausgiebigen Regenfällen können sie tagelang unter Wasser stehen, mit der Folge, dass die Pflanzenwurzeln zu wenig Sauerstoff bekommen. Für das Pflanzenwachstum ist eine Mischung beider Böden ideal. Böden, die Sand und Ton zu etwa gleichen Teilen enthalten, nennt man Lehm. Um welche Bodenart es sich handelt, können Sie mit den Fingern erfühlen. Riecht der Boden nach Walderde, enthält er viel Humus.

Leichte Böden
Es bleibt eine krümelige Substanz zurück, wenn Sie einen leichten Boden zwischen den Fingern zerreiben. Das liegt an dem hohen Sandanteil. Organische Substanzen wie Pferdemist und Kompost können diese Böden extrem verbessern, ebenso Bentonit. Dieses pulverförmige Tonmineral bekommt man im Gartenfachhandel. Es wird oberflächlich in den Boden eingearbeitet. Torf hingegen hilft einem Sandboden nicht. Seine Fusseln legen sich wie Staub zwischen die Körner, verbinden sich aber nicht mit ihnen. Sandböden werden auch als trockene oder mäßig trockene Standorte bezeichnet.

Schwere Böden
Ton- und Lehmböden sind schmierig, lassen sich gut mit der Hand formen und zu Würsten oder Schlangen ausrollen. Je brüchiger die Formen sind, desto mehr Sand ist im Gefüge. Dann handelt es sich nicht um reinen Ton-, sondern um Lehmboden. Zerreibt man etwas Erde zwischen den Fingern, spürt man die Sandkörner. Fühlt sich die Masse jedoch glatt wie eine Handpaste an, dann fehlt Sand. Solche Böden sind schlecht durchlüftet. Arbeitet man Sand, feinen Kies und Kompost etwa spatentief ein, wird für viele Pflanzen ein optimaler Boden daraus. Man bezeichnet diese Standorte auch als frisch oder feucht.

Welchen Dünger brauchen die Pflanzen?

Alle Pflanzen benötigen für ihr Wachstum Nährstoffe, die sie dem Boden entziehen. Anders als im natürlichen Kreislauf des Waldes werden im Garten die meisten Pflanzenteile zum Ende des Jahres abgeschnitten und abtransportiert. Die Reserven brauchen sich auf. Deshalb muss gedüngt werden, zunächst im Frühjahr, wenn das Wachstum einsetzt. Mehrfach blühende Gewächse, z. B. Rosen und Rittersporn, bekommen später eine zweite Ration, und den meisten Sommerblumen in Töpfen und Balkonkästen gibt man sogar wöchentlich etwas Dünger ins Gießwasser. Das Verhältnis der wichtigsten Pflanzennährstoffe Stickstoff (N), Phosphor (P) und Kalium (K) ist auf jedem Dünger in Klammern vermerkt. Stickstoff wird vor allem für besseres Wachstum benötigt. Mangelt es an diesem Nährstoff, verkümmern die meisten Zierpflanzen und werden krankheitsanfällig. Doch auch ein Übermaß ist negativ: Das Gewebe wird weich, die Standfestigkeit lässt nach, und Schädlinge werden angezogen. Richten Sie sich daher nach den Angaben auf den Düngerpackungen. Ab Juli dürfen Rosen und ab August alle anderen Gartengewächse mit Ausnahme des Rasens nicht mehr stickstoffhaltig gedüngt werden. Sonst reifen sie vor dem Winter nicht aus, und es fehlt ihnen an Frosthärte.

Organische Dünger

Im Unterschied zu vielen mineralischen Düngern, die sich in Wasser lösen, müssen die meisten organischen Dünger erst von Bodenorganismen aufgeschlossen werden. Sie stimulieren also das Bodenleben. Ruht im Winter die Aktivität im Boden, werden keine Nährstoffe mobilisiert und es können auch keine ausgewaschen werden. Zu den organischen Düngern zählen Stallmist, getrockneter Kuhdung, Kompost sowie Hornspäne und Horngries (beide im Foto).

Mineralische Dünger

Einige Nährstoffe sind in ihrem Ursprung Mineralien, die vom Menschen abgebaut und schließlich chemisch aufgeschlossen werden müssen. Dazu zählen etwa Phosphor, Kalium, Magnesium und Calcium. Aus Calcium werden Kalkdünger hergestellt (Foto), die den Säuregehalt des Bodens regulieren. Magnesium sorgt als Bittersalz (Foto) für eine intensive Grünfärbung an immergrünen Nadelgehölzen.

Synthetische Dünger

Der Düngermarkt bietet immer mehr Spezialprodukte an, etwa Rosen-, Zitruspflanzen- und Balkonblumendünger oder auch Langzeitdünger. Diese Spezialisten werden für ihre jeweilige Aufgabe als Mischung zusammengestellt oder eigens in aufwendigen Verfahren gewonnen. Sie enthalten Nährstoffe organischen oder mineralischen Ursprungs, manchmal auch miteinander kombiniert. Ein klassischer, synthetischer Dünger ist Blaukorn (Foto), der sich im Boden schnell auflöst. Eine moderne Variante sind Langzeitdünger (Foto), bei denen das Düngerkorn von einer Hülle umgeben ist, die die Nährstoffe nur allmählich freigibt.

Einpflanzen und Aussäen

Ob Frühjahr oder Herbst – erwerben Sie Ihre Lieblingspflanzen zum richtigen Zeitpunkt.

Für einen richtigen Grünfinger ist kaum etwas beglückender als der Besuch einer Gärtnerei. Kommt er mit einer Vielzahl neuer Pflanzen bepackt nach Hause, ist häufig erst einmal die Frage: Wohin mit all dem jungen Grünzeug? Alte Hasen hatten sich diese Frage natürlich schon gestellt, bevor sie auf Beutezug gegangen sind, und gezielt nach Pflanzen Ausschau gehalten haben, mit denen sie Lücken in den Beeten füllen können. Noch mehr Vorbereitung ist erforderlich, wenn ein Beet neu angelegt werden soll. Am besten beginnt man mit einer Skizze für die Anordnung und macht im Anschluss seine Einkaufsliste.

Die beste Zeit für größere Pflanzaktionen ist zu Beginn des Herbstes oder des Frühjahrs. Im September und Oktober ist der Boden noch warm, sodass das Gepflanzte sich leicht mit frischen Wurzeln im Boden verankern kann. Für den Herbst spricht auch das reichhaltige Angebot. Viele Gewächse, die den Sommer über in den Gärtnereien und Baumschulen kultiviert wurden, kommen nun in den Verkauf. Das gilt insbesondere für Rosen und viele andere Gehölze. Je länger man im Frühjahr mit dem Einkauf wartet, desto schmaler werden die Sortimente. Wer wegen ihrer Robustheit oder einer besonderen Blütenfarbe auf spezielle Sorten Wert legt, sollte daher beizeiten auf Einkaufstour gehen.

Weiterhin spielt das Wetter eine Rolle: Je weiter das Frühjahr fortgeschritten ist, desto größer ist die Wahrscheinlichkeit einer Wärmewelle. Wenn es im Boden an Feuchtigkeit fehlt, hat das frisch Gepflanzte Mühe, richtig einzuwachsen. Haben die Laubgehölze erst ihre Blätter entfaltet, saugen diese über die Wurzeln wie kleine Pumpen das Wasser aus dem Boden und verdunsten es in die Atmosphäre. Deshalb sollten vor allem Gehölze gepflanzt werden, bevor ihr Laub austreibt.

Gewächse, die in Töpfen verkauft werden, sogenannte Containerpflanzen, verlängern die Pflanzzeit in den Sommer hinein. Sie bringen schon einen fertigen Wurzelballen mit, der das Anwachsen erleichtert. Doch auch das Angebot dieser Pflanzen nimmt im Lauf des Frühjahrs ab. Und sie müssen mit reichlich Wasser versorgt werden, wenn der Regen ausbleibt.

Pflanzutensilien
Wichtig sind ein guter Spaten sowie Handspaten und Handschuhe, damit die Hände sauber bleiben. Eine Pflanzleine ist unverzichtbar, wenn es darum geht, die Gewächse gerade in eine Reihe zu setzen. Sie sollte immer straff gespannt sein.

So kommen die Pflanzen in den Boden

Sträucher, Bäume und Hecken brauchen ein Pflanzloch, das etwa doppelt so breit und tief ist wie der Ballen der Gehölze. Die Sohle ist besonders gut zu lockern. In den Aushub können Komposterde und Hornspäne gemischt werden. Von der Mischung wird anschließend so viel in das Loch gefüllt, bis die Oberseite des Ballens auf gleichem Niveau mit dem Erdboden ist. Dann wird der Rest des Aushubs eingefüllt und gut festgetreten. Werden nur Stauden gepflanzt, müssen Sie den Boden noch besser vorbereiten. Vor allem ist das Unkraut zu beseitigen. Es darf später zu keiner Konkurrenz für die zarten Stauden werden. Soll speziell ein Staudenbeet entstehen, so lockert man den Boden mit einer Grabegabel auf der ganzen Fläche. Anschließend wird die Erde mit einem Grubber und dann mit einem Rechen geebnet und krümelig gemacht. Bei diesem Arbeitsgang kann Dünger mit eingearbeitet werden.

Schritt 1
Vor dem Einpflanzen sollten alle Pflanzen noch einmal gewässert werden, damit der Ballen feucht ist. Die Pflanze dann vorsichtig aus dem Topf ziehen. Schon in der Gärtnerei kann man so prüfen, ob der Ballen gut durchwurzelt ist und nicht auseinanderfällt. Wurzeln, die aus dem Topf herauswachsen, sind ein Zeichen dafür, dass Pflanzen schon lange stehen. Diese Wurzelenden müssen gekappt werden, um den Topf leichter abziehen zu können.

Schritt 2 + 3
Mit dem Handspaten ein Loch ausstechen. Sofern der Boden locker ist, braucht man den Handspaten nur einzustechen und dann ein Stück zu sich heranzuziehen.

Schritt 4
Die Pflanze einsetzen. Der Wurzelballen soll mit der Erdoberfläche abschließen. Die Erde mit beiden Händen fest um die Pflanze herum andrücken. Bei großen Gewächsen tritt man den Boden mit den Füßen fest. Der Ballen muss ohne Spiel im Boden stecken, damit die Wurzeln gut ins neue Erdreich einwachsen können.

Schritt 5
Um die Pflanze herum eine Vertiefung lassen und einen sogenannten Gießrand formen. Das ist vor allem für große Pflanzen wichtig, zu deren Wurzeln das Wasser tief in den Erdboden eindringen muss. Ohne Gießrand würde es sich nur oberflächlich verteilen.

Schritt 6
Abschließend wässern. Passen Sie auf, dass dabei der Gießrand nicht zerstört wird. Große Pflanzen müssen mit mehreren Litern Wasser getränkt werden. Das sorgt dafür, dass sich die Erde setzt und die Wurzeln sich gut im Boden verankern.

Einpflanzen / Aussäen | 81

So wird ausgesät

Wenn Blumen direkt in ein Beet gesät werden sollen, muss der Boden frei von Unkrautwurzeln und besonders feinkrümelig sein. Über das gleichzeitig keimende Unkraut behalten Sie die beste Kontrolle, wenn in Reihen oder in Form kleiner Tuffs gesät wird. Die Zwischenräume können dann mit einer Hacke unkrautfrei gehalten werden. Die Saat wird in den gelockerten Boden eingeharkt und dann mit einer Schaufel festgeklopft.

Die Blumen haben dem Unkraut gegenüber einen Vorsprung, wenn sie in Töpfen angezogen und erst ausgepflanzt werden, wenn sie schon eine gewisse Größe erreicht haben. Sie können dann dorthin gesetzt werden, wo noch Platz ist – zum Beispiel zwischen Stauden oder andere Sommerblumen.

Schritt 1
Kleine Töpfe in eine Kiste stellen und mit Erde befüllen. Eine Alternative sind Kunststoffpaletten mit Aussparungen in Topfgröße. Verwenden Sie immer spezielle Anzuchterde. Sie enthält das richtige Nährstoffverhältnis für Jungpflanzen.

Schritt 2
Die Töpfe bis zum Rand füllen. Anschließend die Füllung mit den Fingern leicht verdichten. Es soll eine ebene Fläche entstehen.

Schritt 3
Samentüte aufreißen und in der Mitte knicken. Dieser Falz erleichtert es Ihnen, die Samen gezielt herausrieseln zu lassen, indem Sie mit dem Zeigefinger leicht gegen die Tüte tippen. Das Saatgut gleichmäßig verteilen.

Schritt 4
Die meisten Samen keimen nur im Dunkeln. Deshalb die Töpfe dünn mit Erde oder Sand übersieben. So trocknen die Sprößlinge später auch nicht so leicht aus.

Schritt 5
Die Erdhäufchen von den Töpfen abstreifen.

Schritt 6
Abschließend die Aussaat mit einer feinen Brause wässern. Achten Sie darauf, dass auch die Töpfe in den Ecken der Kiste genug Wasser abbekommen und dass keine Erde aus den Töpfen herausschwemmt. Vergessen Sie nicht, ein Schildchen in die Kiste zu stecken, auf dem der Name der Aussaat steht.

Das Beauty-Programm für Rosen

Schönheit fängt bei der Gesundheit an, das gilt im Besonderen für die Königin unter den Pflanzen.

Zum Glück gibt es eine Art Fitnesspass für diese Königinnen. Sein Name: **ADR**. Das steht für **A**llgemeine **D**eutsche **R**osenneuheitenprüfung. Die Rose, die sie nach drei Jahren Bewährungsprobe erfolgreich abgeschlossen hat, zählt zu den schönsten und robustesten eines Jahrgangs. Erfahrungsgemäß sind das jährlich rund zehn neue Sorten, die sich dann mit dem Siegel ADR-Rose schmücken dürfen. Achten Sie beim Kauf einer Rose also darauf, eine Sorte mit diesem Prädikat zu erwerben. Am einfachsten, Sie bestellen sie direkt in einer Rosenschule (Adressen im Anhang).

Für das Wohlergehen einer Rose ist der richtige Standort ein wesentlicher Faktor. Die Beautys wollen viel Sonne, denn nur dann entfalten sie ihre ganze Blütenpracht. Der Boden sollte locker und tiefgründig sein; reine Sand- und nasse Tönböden sind ungeeignet (mehr zum Standort siehe S.181). Viele Rosen werden mittlerweile im Topf verkauft. Deren Pflanzung ist kein Problem. Knifflig wird es bei sogenannten wurzelnackten Rosen, die ab Mitte Oktober frisch vom Feld in den Verkauf kommen. Ihre Wurzeln dürfen nicht austrocknen, deshalb stellt man sie unmittelbar nach dem Kauf in einen Eimer mit Wasser. Vor dem Pflanzen werden alle Triebe und Wurzeln auf etwa 25 Zentimeter eingekürzt. Das Pflanzloch sollte so tief und breit sein, dass der Wurzelstock locker hineinpasst. Die Wurzeln sollen nicht abknicken, und die Veredlungsstelle, die Verdickung zwischen Wurzeln und grünen Trieben, soll mindestens fünf Zentimeter tief in den Boden. Dann wird das Loch mit Erde gefüllt und mit Wasser geflutet. In der entstehenden Schlammpfütze kann die Pflanze exakt ausgerichtet werden, sodass sie gerade steht. Abschließend die Erde bis zum Bodenniveau auffüllen.

Rosen vollbringen Höchstleistungen, indem sie den ganzen Sommer über blühen. Das schaffen sie nur mit einer anständigen Ernährung. Daher verabreicht man ihnen im Frühjahr einen speziellen Rosendünger. Nach der ersten Blüte Ende Juni bekommen sie davon noch eine zweite Ration. Ab Juli jedoch dürfen Rosen nicht mehr gedüngt werden. Ihre Triebe bleiben sonst weich, reifen nicht aus, wie man sagt, und fallen im Winter dem Frost zum Opfer.

Ausstrahlung
Die Kleinstrauchrose ›Johann Strauß‹ besticht durch ihre natürliche Schönheit: eine einfache zartrosa Blüte mit gelber Mitte.

86 | *Das sollten Sie beherrschen*

So kommen Ihre Rosen wieder in Form

*Der richtige Schnitt an Beet-, Kleinstrauch- und Edelrosen:
Es blühen immer die Triebe, die sich vom Frühjahr an neu bilden. Daher wird der Aufwuchs aus dem Vorjahr auf etwa ein Drittel über dem Boden gekappt. Dabei entfernt man gleichzeitig alle trockenen und dünnen Triebe. Die beste Zeit für den Rückschnitt ist vor dem Austrieb im März. (Für den Schnitt spielt es keine Rolle, ob eine Rose im Beet oder im Topf wächst.)*

Schritt 1
Fangen Sie außen an. Kappen Sie zunächst kräftige Triebe oberhalb eines Auges.

Schritt 2
Die Augen einer Rose sind die jungen Triebknospen, von denen zu Beginn eines Jahres manchmal nicht viel mehr zu sehen ist als eine Kerbe im Holz. Der Schnitt setzt etwa einen Zentimeter über dem Auge an. Der Trieb wächst später in die Richtung, in die das Auge zeigt.

Schritt 3
Schauen Sie hin und wieder, wo geeignete Schnittstellen sind. Die Rose soll sich später gleichmäßig nach allen Seiten verzweigen. Triebe sollen nicht über Kreuz wachsen.

Schritt 4
Trockene Zweige am Ansatz entfernen.

Schritt 5
Gabelt sich ein Zweig in einen kräftigen und einen schwachen Trieb, wird Letzterer am Ansatz gekappt.

Schritt 6
Fertig: Die ursprünglich 45 Zentimeter hohe Rose ist gleichmäßig auf eine Höhe zurückgeschnitten worden. Jetzt misst sie nur noch circa 15 Zentimeter.

Kletterrosen

Bei Kletterrosen steht nicht das Schneiden im Vordergrund, sondern die Devise »Biegen und Binden«. Ihre langen starren Triebe sollen möglichst in waagerechter Haltung fixiert werden, dann sprießen aus den Augen auf der Oberseite viele neue Blütentriebe. An einer Hauswand werden Kletterrosen daher am besten fächerförmig gezogen. Leiten Sie die Triebe also nach links und rechts ab und binden Sie sie an ein Rankgitter. Um den Stützpfeiler einer Pergola werden die Triebe möglichst spiralförmig herumgeführt.

Wurzelschnitt

Zwischen Mitte Oktober und Ende März werden Rosen vielerorts »wurzelnackt« verkauft. Sie sind noch nicht getopft und daher für etwa ein Drittel des Preises zu haben, den sie später als Containerrose kosten. Vor der Pflanzung kürzen Sie die Wurzeln etwas ein und schneiden sie dabei auf eine gleichmäßige Länge. Anschließend stellen Sie die Rose rund 24 Stunden in einen Eimer mit Wasser und pflanzen sie dann ein.

Strauchrosen schneiden
Öfter blühende Sorten blühen wie Beetrosen an einjährigen Trieben. Kürzen Sie kräftige Ruten jedes Jahr um ein Drittel bis zur Hälfte ein. Zusätzlich werden dünne Zweige entfernt. Nach einigen Jahren sollten ein paar alte, verholzte Triebe über dem Boden abgesägt werden, damit sich die Pflanzen aus dem Wurzelstock verjüngen können. Das gilt auch für einmal blühende Strauchrosen. Unter ihnen finden sich Wildrosen und viele historische Sorten, die an Trieben aus dem Vorjahr blühen. Diese Arten im Frühjahr nur etwas auslichten und erst nach der Blüte im Juli um ein Drittel zurückschneiden. Anderenfalls würde man viele Blütenknospen verlieren. Indem man die äußeren Triebe stärker eingekürzt als die mittleren, kann man Strauchrosen eine halbrunde Form geben.

Balkonkästen und Töpfe bepflanzen

Machen Sie die Auswahl der Blumen zu einer lustvollen Einkaufstour. Alles Weitere fügt sich – mit Fantasie und einigen Grundregeln.

Das Geschäft mit den blühenden Beautys funktioniert mittlerweile ähnlich wie der Modemarkt: Jedes Jahr kommen reizvolle neue Blumenarten und Sorten in ungewöhnlichen Farben hinzu. Sie können also Ihren Balkon jede Saison wieder nach Herzenslust mit Blumen in den aktuellen Modefarben ausstaffieren. Früher wurden gern drei verschiedene Farben kombiniert, etwa Rot, Weiß und Blau. Heute werden Blütenfarben vorzugsweise Ton in Ton zusammengestellt, etwa Rosa, Gelb und Lachsorange, so wie in unserem Beispiel auf der folgenden Seite.

Auch in der Art der Bepflanzung sind die Möglichkeiten vielfältiger geworden. Neuerdings verwendet man neben den Blumen auch Gräser und Stauden, die einen ganz eigenen Charakter einbringen. So eröffnet sich ein Experimentierfeld, und die Gestaltung des Balkons wird immer mehr zum Ausdruck der eigenen Persönlichkeit. Stauden und Sommerblumen sollten Sie wegen ihrer unterschiedlichen Nährstoffansprüche jedoch nicht in denselben Kasten pflanzen.

Bevor Sie Ihrer Fantasie freien Lauf lassen, noch ein paar grundsätzliche Gestaltungsregeln vorweg: Geben Sie Ihrem Arrangement Spannung, indem Sie zwei bis drei Arten von unterschiedlichem Wuchs kombinieren. Optimal sind aufrecht wachsende Pflanzen neben solchen, die buschig wachsen oder hängen. Gegensätze entstehen auch durch unterschiedlich geformtes Laub und verschieden große Blüten. Die Kontraste dürfen jedoch nicht übertrieben wirken. Gestalten Sie daher lieber Ton in Ton und variieren Größe und Form von Blüten und Blättern. Als Ergänzung lässt sich immer auch noch neutrales Weiß dazusetzen, um das Bild aufzulockern oder aufzuhellen.

Zarte Schöne
Das Fleißige Lieschen mit gefüllten Blüten ist unser Model für das Eintopfen auf der nächsten Seite.

Topfen und Pflege der Sommerblumen

Bald nach dem Kauf sollten Sommerblumen von ihren zu kleinen Töpfen befreit und in ein größeres Gefäß oder den Balkonkasten umquartiert werden. Dort können sie den Sommer verbringen und sich zur vollen Schönheit entfalten. Vorausgesetzt, Sie haben alles richtig gemacht. Es fängt mit der Wahl der Blumenerde an. Günstige Angebote sind zwar verlockend, doch sie enthalten meist die minderwertigen Reste aus dem Torfabbau: klumpiges, schmieriges Material, häufig mit Holzstückchen versetzt. Qualitätserden kennzeichnet dagegen ein hoher Anteil an lockerem, feinfaserigem Weißtorf. Dieser versorgt Pflanzenwurzeln optimal mit Wasser und Luft. Mittlerweile erfüllen auch Erden diesen Standard, in denen der Torf teilweise durch Rindenhumus, Holz- und Kokosfasern ersetzt wurde.

Der Düngervorrat einer Blumenerde reicht maximal für vier Wochen – es sei denn, es sind Langzeitdünger zugesetzt. Falls nicht, können Sie das beim Eintopfen nachholen (siehe Beispiel unten). Alternativ kann die kontinuierliche Versorgung der Pflanzen durch Flüssigdünger im Gießwasser erfolgen. In den ersten vier Wochen nach dem Topfen nur mäßig gießen, denn das regt die Blumen zur Bildung neuer Wurzeln an. Danach beginnen Sie, das Gießwasser einmal wöchentlich mit Flüssigdünger anzureichern. Nach weiteren drei Wochen fügen Sie den Dünger dann jedes Mal hinzu.

Schritt 1
Topf, Blumenerde, Tonscherben, Langzeitdünger und Pflanzen bereitstellen. Zwischen Pflanzenballen und Topf sollte etwa einen Fingerbreit Luft sein.

Schritt 2
Eine Tonscherbe auf das Loch im Topf legen, damit der Abfluss nicht verstopfen kann. Die Blumenerde mit dem Dünger mischen (Dosierung laut Packungsangabe) und etwas davon in den Topf füllen.

Schritt 3
Die Pflanze in den Topf stellen. Die Ballenoberkante sollte in etwa mit dem Topfrand abschließen. Die Lücke um den Ballen herum mit Erde auffüllen und mit den Fingern festdrücken.

Schritt 4
Ballen und frische Erde noch einmal gut festdrücken. Es soll ein etwa zwei Zentimeter hoher Gießrand bleiben, durch den sich das Wasser sammeln kann. Zum Schluss die Pflanze gießen.

1.

Kompakte Petunien ›Tiny Tunia‹ und mehrfarbige Wandelröschen präsentieren hier eine moderne Ton-in-Ton-Variante der Nuancen Rosa, Gelb und Lachsorange. Die Petunien werden im Lauf der Zeit immer mehr über den Rand des Kastens wachsen, während die Wandelröschen sich zwischen ihnen zu aufrechten kleinen Sträuchern entwickeln. Diese Kombination vermeidet harte Kontraste und wirkt aufgrund der verschiedenen Wuchs- und Blütenformen dennoch reizvoll. Beide Arten sind gleichermaßen wüchsig und begierig nach frischen Nährstoffen – das macht sie zu guten Partnern.

2.

Der Klassiker unter den Balkonpflanzen, die Geranie (Pelargonium), wurde hier temperamentvoll in Szene gesetzt. Die aufrecht wachsende Sommerblume wird vom voluminösen, bordeauxroten Laub der Süßkartoffel (Ipomoea batata ›Purple‹) umrahmt. Das nimmt ihr die Steifheit und bringt das Rot ihrer Blüten zum Leuchten. Eine verspielte Note kommt durch das rote Lampenputzergras (Pennisetum setaceum ›Rubrum‹) hinzu. Da es mehr Platz braucht als die anderen beiden Arten, wird es in zwei gesonderten Gefäßen an das Balkongeländer gehängt oder auf den Boden gestellt.

3.

Diese zarten Grazien lieben leicht schattige Plätze, also etwa einen Balkon, der nur wenig Sonne abbekommt. Ihre hellen Blütenfarben sorgen dafür, dass sie trotzdem gut zur Geltung kommen. Die etwas wuchtigeren Fuchsien mit ihren hängenden Blüten stehen in schönem Kontrast zu den kleinen hellen Blüten der Euphorbie ›Diamont Frost‹, die wie Wolken darüberschweben. Das Arrangement erhält durch die rosafarbenen Fleißigen Lieschen noch einen kräftigen Farbtupfer. Als Alternative zum Balkonkasten wurden die Pflanzen hier in Gittertöpfen ans Geländer gehängt.

1

2

3

Balkonkästen und Töpfe | 95

Das Einmaleins des Gestaltens

Manchmal kommt es einfach darauf an, Ordnung in etwas zu bringen, was nach Chaos aussieht.

Stellen Sie sich vor, Sie gehören zu den Sammlernaturen und haben eine Unzahl verschiedener Töpfe angehäuft. Alle unterscheiden sich in Material und Größe. Wie bringt man diese nun in einem Arrangement zusammen?

Das funktioniert nur, wenn man einen roten Faden entwickelt, der für einen Zusammenhalt sorgt. Das können etwa die Farben, die Formen oder aber auch der Stil der Pflanzen sein, die in die Töpfe kommen sollen. Viele Bauerngartenblumen können etwa zu einer bunten, lebendigen Szene werden. Entscheidend ist, dass wir sie mit einem ländlichen Garten assoziieren. Ist ihnen dieser rustikale Charakter gemeinsam, dann fügen sie sich in einem Bild zusammen.

In dem nebenstehendem Beispiel ist vor allem die Farbe der Blüten das Bindeglied. Zu den dunklen Rottönen, die sich auch im Laub des kleinen Günsels (Ajuga reptans) im Vordergrund wiederfinden, tauchen zwei weiß blühende Pflanzen auf, der Felberich (Lysimachia clethroides) und die Prachtkerze (Gaura lindheimeri). Ihre lichte Farbe und die zierlichen Blütenstände schaffen ein Gegengewicht zu den dunklen, kompakten Blüten von Schokoladenblume (Cosmos sanguineum) und Mädchenauge (Coreopsis rosea ›Limerock Ruby‹). Sie lockern das Bild insgesamt auf. Die Farbe Weiß eignet sich gut zu solchen kleinen Brüchen, da sie mit anderen Farben nicht konkurriert, sondern sich neutral verhält.

Hier noch einige grundsätzliche Überlegungen zum Arrangieren:

– Wählen Sie für das Arrangement eine ungerade Zahl an Gliedern, also etwa fünf, sieben oder neun Töpfe.
– Sehen die Töpfe alle anders aus und sind sie aus unterschiedlichem Material, so sollten sie zumindest farblich harmonieren.
– Um Spannung in das Ensemble zu bringen, sollten Töpfe und Pflanzen von unterschiedlicher Größe sein.
– Verfolgen Sie bei der Bepflanzung ein bestimmtes Farbkonzept. Achten Sie darauf, dass die Töne miteinander korrespondieren. Rosa kann einen Stich ins Blau haben – dann wird daraus Magenta –, oder einen Stich ins Gelb, dann geht es ins Lachsrot. Diese beiden Tonalitäten sollte man nicht mischen.
– Analog zu den Farben können auch Laubformen ein bindendes Glied innerhalb einer Gestaltung sein.

Geordnetes Chaos
Die Farbe der Blüten ist der rote Faden, um die Vielzahl verschiedener Töpfe zusammen zu arrangieren.

Symmetrie

Häufig gibt die Architektur eines Gebäudes die Symmetrie vor, an der sich eine Gartengestaltung orientiert. Entscheidend ist eine Achse, an der sich die anderen Elemente spiegelbildlich links und rechts ausrichten, etwa der Eingang eines Hauses mit gleichen Fenstern zu beiden Seiten. Ein Weg, der darauf zuführt, wäre die Verlängerung dieser Achse. Diese kann zu beiden Seiten von Töpfen flankiert werden. Achsensymmetrie war ein beliebtes Gestaltungsmittel des Barock. Sie wird gern verwendet, wenn der Eindruck von Großzügigkeit beabsichtigt ist. Als ein Grundelement formaler Gestaltung steht sie für Klarheit und Übersichtlichkeit und sie bietet sich an, wenn ein Fluchtpunkt besonders betont werden soll. Etwa, wenn es darum geht, eine Vase, einen Springbrunnen, eine Bank oder Skulptur am Ende eines Weges besonders in den Blick zu rücken. Wichtig: Alle Elemente müssen wirklich gleich aussehen. Deshalb werden häufig Eiben oder Buchsbäume verwendet, denn sie lassen sich gut in eine gewünschte Form schneiden. Die charmante Lösung in unserem Beispiel: beschnittener Gewürzthymian (Thymus vulgaris).

Gruppierung

*Einzelne Pflanzen in separaten Töpfen sehen immer etwas verloren aus. Hat man nicht gerade eine passende Nische, sollte man sich solche Einzelgänger sparen. Denn interessant wird es erst, wenn Beziehungen entstehen – das ist wie im richtigen Leben. Und wie dort muss auch zwischen den Teilen einer Pflanzengruppe die Chemie stimmen, wenn die Beziehung klappen soll. Wichtig sind Gemeinsamkeiten wie die Farbe und das Material der Töpfe. Auch die Blütenfarben müssen harmonieren. Die drei Pflanzen in diesem Beispiel stimmen in der Tonalität überein. Das kräftige Rosa der Prachtspiere (Astilbe x arendsii) ergibt mit dem etwas zarteren Ton der Herbstanemone (Anemone japonica) und dem kräftigen Rot des Lampenputzer-Grases (Pennisetum setaceum ›Rubrum‹) einen schönen Farbverlauf.
Die drei sind gestaffelt aufgestellt: Der kleinste Topf steht vorn und der größte hinten. Es sieht aus wie eine leichte Spiralbewegung, wodurch zusätzliche Dynamik entsteht. Die Gruppierung wirkt noch harmonischer als das geordnete Chaos im ersten Beispiel.*

Reihung

Die klassische Zahl für eine Reihe ist die Drei. Seltener werden mehr Objekte arrangiert. Wahrscheinlich spielt hierbei die Magie der Zahl drei eine Rolle. Man greift einfach gern auf sie zurück. Zwei Objekte wirken meist kümmerlich, vier eher langweilig, nur die Dreiergruppe erscheint harmonisch.

Die Reihe kann einen Abschluss bilden, etwa vor einer Wand. Sie kann ebenso für sich stehen, etwa als ein einzelnes Ensemble auf einem Tisch. Häufig ist die Reihung auch eine Wiederholung. Dann sehen alle drei Pflanzen und Töpfe gleich aus. Wenn sie sich unterscheiden, sollten sie so gestaltet sein wie in unserem Beispiel: Zwei identische Pflanzen (hier: Euphorbia ›Diamond Frost‹) nehmen ein anderes Gewächs in die Mitte (hier: eine kleine Olive), dessen Charakter dazu passt. Alle drei Gewächse müssen den gleichen Topf haben, damit die Reihung erkennbar wird. Die Aufstellung kann quer, längs oder diagonal zum Betrachter erfolgen. Das ergibt sich aus den korrespondierenden Elementen in der Umgebung, z. B. Wände, Wege und Brüstungen, an denen sich die Ausrichtung der Reihe wie an gedachten Linien orientiert.

Staffelung

Achten Sie beim Arrangieren darauf, dass alle Pflanzen gut zu sehen sind. Das ist wie bei einem Gruppenfoto: die Kleinen nach vorn und die Großen nach hinten. Schließlich werden die Töpfe so gerückt, dass keine Lücken entstehen. So entsteht ein grafisch schönes Bild, und jedes Gewächs kann sich in annähernd voller Schönheit präsentieren. In unserem Beispiel haben wir zwei Edelrauten (Artemisia schmidtiana ›Nana‹) und ein Currykraut (Helichrysum italicum) vor zwei üppige Lavendelsträucher gesetzt. Möchte man eine Sammlung gleich großer Pflanzen präsentieren, bietet sich eine Stellage an, also ein Blumenregal mit zwei oder drei Stellflächen auf unterschiedlichen Ebenen. So lassen sich die Lieblingsblumen dann problemlos gestaffelt aufstellen.

Welche Geräte sind unverzichtbar?

Sie sollten hieb- und stichfest sein und lange Zeit halten.

Gutes Gartengerät ist heutzutage leider selten anzutreffen. Die Maxime, möglichst billig einzukaufen, mag bei kurzlebigen Modeartikeln angebracht sein, doch beim Kauf von Werkzeug tut man sich damit keinen Gefallen. Denn man braucht solides Gerät, das jahrelang hält, und keine Artikel, die man nach einer Saison wegwirft. Ein Spaten wächst einem ans Herz, wenn man mit ihm schon viel gegraben hat und er allmählich Patina ansetzt. Dazu muss vor allem sein Stiel aus bestem Eschenholz bestehen, das auch großer Beanspruchung standhält. Sein Blatt sollte gehärtet und scharf sein, um auch Baumwurzeln durchtrennen zu können. Und überhaupt müssen die Proportionen stimmen, damit er sich ohne zusätzlichen Kraftaufwand gebrauchen lässt. Es sollte Spaß machen, mit den Geräten zu arbeiten, weil man sich darüber freut, wie gut sie funktionieren.

Schaltzentrale
Ein Muss für jeden Grünfinger: der komfortable Tisch zum Topfen mit viel Platz für große und kleine Arbeitshilfen.

1. Heckenschere
Der wellenförmige Schliff einer Heckenschere sorgt dafür, dass die Zweige während des Schneidens zwischen den Klingen gut festgehalten werden. Mit kleinen, leichten Heckenscheren lassen sich geformte Buchsbäume optimal scheren.

2. Zwiebelpflanzer
Blumenzwiebeln lassen sich kaum besser im Rasen und in den Beeten pflanzen als mit diesem Gerät. Mit der Hülse werden Löcher ausgestanzt. Dabei fallen Erdpfropfen heraus, mit denen die Löcher wieder verschlossen werden, sobald die Zwiebeln im Loch liegen.

3. Astschere
Ab einer gewissen Aststärke packt eine Rosenschere nicht mehr kräftig genug zu. Dann hilft eine Astschere weiter, die eine größere Hebelwirkung hat, solche mit Getriebemechanismus verringern den Kraftaufwand noch weiter.

4. Kultivator
Hat man einen Boden umgegraben, zerkleinert man die groben Schollen anschließend mit den Zinken des Kultivators. Das Gerät ist zudem optimal dafür geeignet, Dünger in den Boden einzuarbeiten, Beete zu lockern und dabei gleichzeitig das Unkraut zu entfernen

5. Erdsieb
Wer Blumen selbst in Töpfe aussät, braucht ein Sieb. Gerade feine Saaten sollen nur von einer dünnen, gesiebten Erd- oder Sandschicht bedeckt werden.

6. Hacke
Mit der Hacke wird der Boden durchfurcht, um Unkraut unmittelbar unterhalb der Oberfläche zu lockern. Es reicht, wenn sich die Wurzeln lösen. Denn gehackt wird nur an heißen Tagen. Der Boden trocknet oberflächlich ab, und das Kraut welkt.

7. Rosenschere
Die Schere muss scharf sein, damit sie die Äste beim Schneiden nicht quetscht. Und sie sollte kräftige Klingen besitzen, mit denen sich Rosen und auch Obstbäume schneiden lassen.

8. Schuffel
Im Gegensatz zur Hacke wird die Schuffel flach durch den Boden geschoben und nicht gezogen. Ihre Schneide ist besonders scharf.

9. Bonsaischere
Mit ihren scharfen Klingen lassen sich Blätter wie Papier schneiden. Sie ist ideal für den Formschnitt kleiner Buchsbäume, das Ernten von Kräutern und zum Ausputzen der Sommerblumen auf Balkon und Terrasse.

Gartengeräte | 103

10

11

12

13

10. Messer
Gärtner haben gewöhnlich ein Messer in der Tasche. Damit können sie Blumen, abgeknickte Stängel, vor allem aber die Stecklinge für die Vermehrung schneiden.

12. Pflanzleine
Sie wollen ein Beet abstecken, Rasenkanten begradigen oder eine Hecke in gerader Linie pflanzen – dann brauchen Sie eine Richtschnur.

11. Bindematerial
Ob Sisal, Kokos oder das flexible Soft-Fix – wer mit Pflanzen hantiert, braucht immer Schnur zum Anbinden. Das Bindematerial sollte die Pflanzen jedoch nicht abschnüren.

13. Handschuhe
Wählen Sie ein bequemes Paar, in dem Sie möglichst viel Fingerspitzengefühl haben. Grobe Arbeitshandschuhe sind daher nicht immer die beste Wahl.

14. Pflanzschilder
Werden Aussaaten gemacht, sollten diese in jedem Fall ein Namensschild bekommen; ebenso alle jene Gartenpflanzen, deren Namen man sich unbedingt merken will.

15. Drahtbesen
Sollen Blätter und Rasenschnitt auf Rasenflächen und Wegen zusammengefegt werden, benutzt man den Drahtbesen. Breite und Elastizität des Fächers sind oft regulierbar.

16. Handhacke
Mit der Handhacke wird in dicht bewachsenen Beeten das Unkraut oberflächlich gehackt. Mit ihren spitzen Ecken lassen sich zudem alle Arten von Wurzelunkräutern herausziehen.

17. Handharke
Muss aus eng stehenden Pflanzen etwas herausgekehrt werden, benötigt man eine Handharke. Mit ihr lässt sich ein leichter Boden auch oberflächlich lockern.

18. Rechen
Mit dem Rechen werden Böden geebnet, nachdem sie umgegraben und mit dem Kultivator zerkrümelt wurden. Es ist der letzte Arbeitsgang, um ein »Planum« herzustellen. Anschließend wird etwa Rasen gesät. Der Rechen soll vor allem glätten und nicht zusammenkehren, daher stehen seine Zinken weiter auseinander als diejenigen der Harke.

19. Handspaten
Er wird vor allem zum Pflanzen von Stauden und Sommerblumen verwendet. Dazu umfasst man den Griff mit der Faust (Daumen oben), sticht kräftig in den gelockerten Boden und zieht die Erde ein Stück zur Seite. Dann setzt man die Pflanze ein und schließt das Loch, indem man mit beiden Händen die Erde fest um den Ballen drückt.

20. Handgabel
Es ist fast eine Glaubenssache: Einige Gärtner wühlen sich mit einem Handkultivator durch die Beete, andere bevorzugen die Handgabel, mit der sie noch tiefer in den Boden eindringen und hartnäckige Wurzelunkräuter mit Stumpf und Stiel heraushebeln können.

21. Pflanzholz
Mit dem Pflanzholz werden Jungpflanzen ohne Topfballen in Gemüsebeete und kleine Blumenzwiebeln in den Rasen gepflanzt. Für die Zwiebeln wird ein Loch gemacht, das man anschließend mit Sand füllen kann.

22. Handkultivator
Mit dem Handkultivator lockert man die Erde in den Beeten und zieht dabei das Unkraut aus dem Boden. Er ist nötig, wenn der Bewuchs dicht ist, und man mit einem großen Kultivator fürchten müsste, Pflanzen zu verletzen.

23. Fugenkratzer
Manchmal muss das Unkraut aus den Steinfugen herausgekratzt werden. Mit dem Fugenkratzer lassen sich jedoch auch in den Beeten gut Wurzelunkräuter wie Hahnenfuß, Kleine Brennnessel und Giersch zwischen eng stehenden Pflanzen herauspulen.

24. Grabegabel
Zum Lockern des Bodens ist eine Grabegabel dem Spaten vorzuziehen. Mit ihr wird die Arbeit leichter, der fruchtbare Oberboden gerät nicht in den Untergrund, und das Unkraut lässt sich samt Wurzeln besser aus der Erde ziehen. Ein Spatenblatt zerteilt oft dessen Wurzeln und sorgt so für die Vermehrung des Unkrauts.

25. Rasenkantenstecher
Wer die Rasenflanken nicht befestigt hat, muss sie jährlich bändigen, sonst wuchern sie in die Beete hinein. Das Gerät mit halbmondförmiger Klinge erledigt die Arbeit gestochen scharf und zudem schneller und durch die breiten Holme kräftesparender als ein Spaten.

26. Spaten
Zum Einpflanzen ist ein Spaten unverzichtbar, zum Umgraben hingegen sollten Sie ihn nur in besonderen Fällen benutzen, etwa, wenn ein Boden stark verunkrautet ist. Dann werden die Erdplacken mit seiner Hilfe gewendet. Das grüne Kraut soll anschließend nicht mehr zu sehen sein. Traditionell gräbt man schwere Böden im Herbst um. Die groben Schollen werden dann vom Frost zerkleinert. Es findet die sogenannte »Frostgare« statt.

Der Rasen in Topform

Von wegen pflegeleicht: Zu einem dichten grünen Gras gehört mehr als ein bisschen Mähen.

Wer den Anspruch hat, die Grasnarbe solle eine samtartige Struktur haben, dicht wie ein Veloursteppich und frei von jeglichem Kraut sein, muss dafür einiges tun. Die Schwierigkeiten beginnen schon mit dem Moos. In der Nähe von Bäumen fallen die spärlichen Grashalme ganzen Heerscharen gedrungener Moospolster zum Opfer. Die handelsüblichen Moosvernichter beseitigen das Problem nur vorübergehend. Nach wenigen Wochen regenerieren sich die Moose aus den im Boden vorhandenen Sporen, die grünen Halme hingegen lassen weiter auf sich warten. Was also tun? Hier die wichtigsten Rasenregeln:

Alles fängt beim richtigen Saatgut an. Langjährige Züchtung hat beste Rasensorten hervorgebracht. Diese werden aber nur von Markenfirmen angeboten (z. B. Wolf, Kiepenkerl). Lassen Sie die Finger von Allerweltsmischungen wie »Berliner Tiergarten«. Sie bestehen meist aus billigen Saatgutabfällen. Hochwertiges Saatgut lässt eine dichte Rasennarbe heranwachsen, vorausgesetzt, der Boden wurde vor der Aussaat gut gelockert und von Unkräutern befreit.

Um sich diese dichte Narbe zu erhalten, braucht das liebe Grün dreimal pro Jahr (April, Juni, September) eine ausgewogene Ernährung, am besten einen Rasenlangzeitdünger, und eine regelmäßige Rasur – während der Hauptwachstumszeit mindestens einmal wöchentlich. Wenn es heiß wird, muss gewässert werden.

Egal, ob Sie mulchmähen, also den Rasenschnitt liegen lassen, oder ihn abtransportieren – mit der Zeit bildet sich zwischen den Gräsern Filz, der das vitale Wachstum beeinträchtigt. Dieser muss einmal im Jahr mit einem Vertikutierer herausgekratzt werden, am besten ab Mitte April, wenn der Boden sich wieder erwärmt hat. Anschließendes Nachsäen und Düngen ist ganz wichtig.

Einige Standorte sind für Rasengräser einfach ungeeignet. Eine ansprechende Grasnarbe kann nur dann entstehen, wenn die Gräser dem anderen Grünzeug überlegen sind. Im Schatten aber nutzen weder Mähen, Düngen noch Wässern. Auch Vertikutieren und spezielle Saatmischungen sind vergebliche Liebesmüh': Dort hat das Moos einen Standortvorteil. In kahle vermooste Böden sollten Sie daher am besten hübsche Bodendecker pflanzen, die auch mit wenig Licht noch zurechtkommen. Dazu gehören etwa Elfenblumen, Storchschnabel, Immergrün, Kaukasus-Vergissmeinnicht und Ysander.

Stoppelschnitt
Der Spindelmäher schneidet das Gras messerscharf wie mit einer Schere.

So machen Sie den Rasen stark

Der Rasen ist eine Intensivkultur. Nur regelmäßiges Düngen und Mähen macht ihn kräftig genug, um sich gegen die Konkurrenz von Moos und Unkräutern zu behaupten. Bei den Rasenmähern unterscheidet man zwischen Sichel- und Spindelmähern. Rasentrimmer wiederum können das Gras an Ecken und Kanten entfernen, die vom Mäher nicht erreicht werden. Sie arbeiten mit einem rotierenden Kunststofffaden.
Auf sonnigen Standorten sollte der Rasen auf einer Höhe von drei bis fünf Zentimetern gehalten werden. Längere Halme bilden allerdings tiefere Wurzeln, die in Trockenzeiten die Wasserversorgung sichern.
Da in leichtem Schatten die Vitalität der Gräser nachlässt, sollte man die Halme dort etwa sieben Zentimeter lang stehen lassen. Die größere Blattoberfläche kann die geringere Lichtintensität teilweise ausgleichen, und auch Moose kommen zwischen den hohen Halmen nicht so leicht zum Zuge.

1. Sichelmäher
Bei einem Sichelmäher rotiert ein Messerbalken in einem Gehäuse horizontal über der Rasenfläche. Die Halme werden von den Messern teils abgeschnitten, teils abgerissen. Das Schnittbild ist nicht so sauber wie bei einem Spindelmäher. Die Folge ist, dass die Halmspitzen oft einige Tage nach dem Mähen leicht zurücktrocknen und vergilben. Mähen Sie den Rasen daher eher an bewölkten Tagen.

2. Spindelmäher
In England verwenden Gartenliebhaber in erst Linie Spindelmäher. Sie hinterlassen ein Streifenmuster auf der gemähten Fläche. Eine rotierende Messerspindel schneidet die Halme an einer feststehenden Messerkante, wie eine Schere, exakt ab, ohne sie auszufransen. Die Halmspitze trocknet nicht zurück und wird nicht gelb. Das ist eines der Geheimnisse des sattgrünen englischen Rasens.

3. Vertikutierer
Der Vertikutierer (aus dem Englischen »vertical« und »cut«) befreit den Rasen von abgestorbenen Gräsern und Moosen. Eine rotierende Messerwalze durchkämmt die Grasnarbe und ritzt sie wenige Millimeter tief ein. Das bringt wieder Luft an die Graswurzeln. Der beste Zeitpunkt dafür ist das Frühjahr zwischen Mitte April und Mitte Mai, wenn der Boden sich schon erwärmt hat. Ein Rasen sollte mindestens drei Jahre alt sein, bevor er zum ersten Mal vertikutiert wird. Vorher ist die Grasnarbe noch nicht robust genug.

4. Streuwagen
Wer es schon einmal versucht hat, wird wissen, dass es schier unmöglich ist, den Dünger von Hand gleichmäßig zu verteilen. Das Ergebnis ist meist eine fleckige Rasenfläche, dunkelgrün an Stellen, die mehr abbekommen haben, und blasse Flecken an Stellen, die leer ausgegangen sind.
Um das zu vermeiden, lohnt sich der Einsatz eines Streuwagens. Er lässt sich auf die unterschiedliche Körnung des Düngers einstellen und sogar zum Ausbringen feiner Rasensaat einsetzen.

Rasen | 111

So machen Sie sich die Pflege leicht

Es ist durchaus Arbeit damit verbunden, den grünen Teppich fit zu halten. Dennoch sollten Sie den Aufwand nicht übertreiben. Die Wüchsigkeit der Gräser etwa hängt von der Rasenart ab, für die Sie sich entscheiden. Fußball kickende Kinder sollten sich auf strapazierfähigem Grün austoben können, der meist als Sport- und Spielrasen gehandelt wird. Darin finden sich große Mengen an wüchsigem Deutschem Weidelgras, das häufiger geschoren werden muss als ein Allroundrasen. Dort zügelt ein hoher Rotschwingelanteil das Wachstum und damit den anfallenden Rasenschnitt. Aus welchen Gräsern sich ein Rasentyp zusammensetzt, steht auf der Verpackung.

Vertikutieren

Der Boden muss trocken sein, und der Rasen sollte vorher auf etwa drei Zentimeter Höhe gemäht werden. Wundern Sie sich nicht, dass die Mengen, die aus der Grasnarbe herausgekämmt werden, manchmal größer sind als diejenigen, die beim Mähen anfallen. Im Anschluss sollte gedüngt und in die Lücken frische Rasensaat gestreut werden. Es reicht, wenn der Rasen alle zwei Jahre vertikutiert wird.

Grasschnitt

Mit dem Rasenschnitt lässt sich der kahle Boden zwischen den Pflanzen gut mulchen. So verhindert man, dass in den Sommermonaten unnötig Feuchtigkeit verdunstet, und das frische Schnittgut ist entsorgt. Damit es nicht verklebt, sollte der Boden höchstens fünf Zentimeter dick damit bedeckt werden. Da Gras relativ viel Stickstoff enthält, wird es innerhalb weniger Wochen von den Bodenorganismen zerkleinert. Das führt dem Boden Humus zu.

Blumenwiese

Eine hübsche Variante zum Rasen ist eine Wiese. Man lässt die Gräser wachsen und hält nur die Flächen frei, auf denen man gehen und sitzen möchte. Natürlich wünscht man sich auch Blumen zwischen den Gräsern. Die meisten Böden sind jedoch zu nahrhaft dafür. Auf ihnen kann nur mit viel Aufwand eine Blumenwiese angesät werden. Dazu müssten zuerst die obersten Zentimeter fruchtbaren Bodens abgetragen werden. Blumen setzen sich gegenüber Gräsern nur durch, wenn die Erde mager, also arm an Nährstoffen ist. Mit einem Trick kann man dennoch einige Farbtupfer ins Grün bringen. Dazu werden Grassoden ausgestochen und an ihrer Stelle Blumen wie Wiesen-Storchschnabel (Geranium pratense), Wiesenmargerite (Leucanthemum vulgaris), Schafgarbe (Achillea millefolium) und Witwenblume (Knautia arvensis) eingepflanzt.

Bewässern

Dem Rasen sieht man an, wenn er Wasser braucht. Er sieht dann schlaff und fahl aus. Für die Bewässerung gilt: Viel hilft viel, denn das Wasser muss die Pflanzenwurzeln erreichen können. Eine Faustregel besagt: Etwa 15 Liter Wasser pro Quadratmeter reichen, um die Graswurzelzone gut zu durchfeuchten. Stellen Sie ein Glas in den Schwall des Sprengers und warten Sie, bis es 15 Millimeter hoch gefüllt ist. Dann können Sie den Wasserhahn wieder zudrehen. Selbst in Trockenperioden sollte man den Rasensprenger aber nur etwa alle drei Tage zum Einsatz bringen – dafür dann aber kräftig.

Der richtige Schnitt

Die Ziersträucher auszulichten, ist nicht schwer, wichtig ist der Zeitpunkt.

Es gehört schon gewisser Mut dazu, einen Strauch auszulichten und Triebe zu kappen. Mut, den Männer fraglos aufbringen, und so sieht das Gesträuch anschließend meist recht verstümmelt aus. Dabei bedeutet, einen Strauch auszuschneiden, in den meisten Fällen nur, ihn luftiger zu machen. Seine Gestalt soll sich durch das Schneiden nicht verändern.

Im Grunde geht es beim Auslichten darum, einige alte Triebe herauszunehmen, indem man sie einige Zentimeter über dem Boden kappt. Das dient gleichzeitig der Verjüngung, denn die Lücke schafft Platz für kräftige Neutriebe. Zusätzlich kann man einzelne Äste herausschneiden, die sich gegenseitig behindern, etwa weil sie zu eng stehen oder quer übereinanderwachsen.

Der Zeitpunkt des Schneidens hängt von der Blütezeit des Zierstrauchs ab. Die im Frühjahr blühenden Arten haben ihre Blütenknospen schon im Vorjahr gebildet. Sie sollten daher erst nach der Blüte geschnitten werden. Anderenfalls nimmt man sich selbst die Freude an ihrem Blütenreichtum. Zu dieser Gruppe gehören etwa Forsythien, Felsenbirnen, Zier-Johannisbeeren und die frühen Spiersträucher. In der Regel sollten diese Sträucher alle zwei bis drei Jahre etwas ausgelichtet werden.

Sträucher, die erst im Sommer blühen, werden schon im Frühjahr beschnitten. Denn sie treiben ihre Blüten erst an den Trieben, die sie bis zum Sommer ausbilden. Das betrifft Schmetterlingsstrauch, Blauraute, Sommerspiersträucher, Fingerstrauch, Bartblume und Besenheide. Bei diesen Arten brauchen Sie allerdings nicht zimperlich zu sein. Sie alle können etwa 40 Zentimeter über dem Boden gekappt werden (Besenheide um die Hälfte zurückschneiden). Anderenfalls blühen diese Sträucher nur an den Spitzen und bleiben untenherum kahl. Das gilt auch für Schneeball- und Rispenhortensien. Eine Ausnahme machen jedoch Bauernhortensien: Ihre Triebe werden höchstens um ein Drittel gestutzt. Denn die neuen Blüten entstehen aus den Vorjahresknospen, die unterhalb dieses Drittels austreiben.

Alle großen Ziersträucher wie Magnolien, Blumenhartriegel, Fächerahorn, Zaubernuss, Zieräpfel und Zierkirschen entwickeln keine neuen Triebe aus der Wurzelbasis. Daher ist es nicht nötig, sie auszulichten.

Sauberer Schnitt
Der Trieb wird direkt am Ansatz gerade abgeschnitten. Es soll kein Stück davon stehen bleiben.

Diese Pflanzen sollten Sie kennen

Alles über Sommerblumen, Stauden, Zwiebelblumen und Gehölze

Die meisten Blumen sind einjährige Pflanzen, sogenannte Annuelle. Sie werden im Frühjahr ausgesät, blühen einige Wochen später, bilden Samen und sterben dann ab. Ihre Samen sind widerstandsfähig. Sie überstehen den Winter im Boden und können im folgenden Jahr zu neuen Blumen sprießen. Unter den Sommerblumen befinden sich auch Gewächse, die in warmen Regionen zu richtigen Sträuchern heranwachsen, aber eben bei uns den Winter im Freien nicht überstehen würden. Deshalb werden sie in unseren Breiten wie etwa die Geranie (Pelargonium) jedes Jahr aufs Neue herangezogen.

Leberbalsam (Ageratum houstonianum)

Der Leberbalsam ist in einer gemischten Pflanzung ein moderater Mitspieler. Er hält sich im Hintergrund und dämpft mit seinen sanften Tönen etwa das strahlende Gelb anderer Blumen. Oder er steuert für eine Ton-in-Ton-Pflanzung hübsche Blau-Nuancen bei.

So fühlen sie sich wohl: Die Art stammt aus Mexiko. Sie liebt es daher warm und sonnig. Der Boden sollte frisch und nährstoffreich sein, aber frei von Staunässe.

Das sollten Sie noch wissen: Die flauschigen Blütendolden des Leberbalsams sehen in Beeten und in Balkonkästen schön aus. Es werden Sorten in Weiß und in verschiedenen Blautönen angeboten. Schneiden Sie Verblühtes heraus, werden neue Blüten stimuliert. Die Pflanzen müssen ab Februar im Gewächshaus oder auf der Fensterbank vorgezogen werden. Ab Mitte Mai, nach den Eisheiligen, empfiehlt es sich, Jungpflanzen beim Gärtner zu kaufen.

Blütezeit: Juni bis Oktober *Höhe:* 10–70 cm *Standort:* sonnig

Löwenmäulchen (Antirrhinum majus)

Löwenmäulchen haben ihre Heimat in Südeuropa. Rund um das Mittelmeer wachsen sie wild zu kleinen Halbsträuchern heran. Selbst in England findet man mehrjährige Exemplare, die sich in alten Natursteinmauern eingenistet haben und dort auch den Winter überdauern.

So fühlen sie sich wohl: Lockere, frische, nährstoffreiche Böden sind ideal, damit sich die gezüchteten Sorten voll entfalten können.

Das sollten Sie noch wissen: Bei uns müssen die Pflanzen ab Februar im Gewächshaus oder auf der Fensterbank vorgezogen werden. Es empfiehlt sich, Jungpflanzen nach den Eisheiligen ab Mitte Mai beim Gärtner zu kaufen. Häufig säen sich die Pflanzen selbst wieder aus. Mit Glück überstehen die Sämlinge den Winter und blühen im Folgejahr erneut.

Blütezeit: Juni bis September *Höhe:* 20–100 cm *Standort:* sonnig

Begonie oder Schieferblatt (Begonia-Semperflorens-Hybriden)

Noch vor rund zehn Jahren waren die öffentlichen Anlagen im Sommer mit Heerscharen von Begonien bepflanzt. Mittlerweile ist die Blume mit den hübsch gefärbten Blättern selten geworden. Dabei taugt ihr leicht wächserner Habitus durchaus für modernes Gartendesign.

So fühlen sie sich wohl: Die Pflanze liebt Wärme. Der Boden sollte frisch, locker und nährstoffreich sein. Nasse und kalte Standorte sind gänzlich ungeeignet.
Das sollten Sie noch wissen: Begonien werden schon ab Dezember im Gewächshaus ausgesät. Der Samen ist sehr fein. Er darf nicht mit Erde bedeckt werden, denn Begoniensamen brauchen Licht zum Keimen, sie sind sogenannte »Lichtkeimer«. Die Anzucht ist kompliziert, es empfiehlt sich daher, Jungpflanzen nach den Eisheiligen ab Mitte Mai beim Gärtner zu kaufen.
Blütezeit: Mai bis Oktober *Höhe:* 15–25 cm *Standort:* sonnig

Massliebchen, Tausendschön (Bellis perennis)

Gänseblümchen, die wilden Schwestern des Maßliebchens, haben nur einfache weiße Blütenkränze. Schon im Mittelalter fand man einzelne Blumen mit gefüllt blühenden und roten Blüten, die man in die Gärten umquartierte. Dort wurden sie dann Tausendschön genannt.

So fühlen sie sich wohl: Lockere, frische bis feuchte und nährstoffreiche Böden sind ideal. Die gezüchteten Sorten sind empfindlich gegen starke Spätfröste.
Das sollten Sie noch wissen: Gänseblümchen sind zweijährige Pflanzen. Sie werden im Juli im Freien ausgesät. Die Saat sprießt innerhalb weniger Wochen und bleibt den Winter über draußen. Denn die Sprösslinge brauchen einen Kältereiz, um Blüten anzusetzen. Gegen starke Fröste müssen sie geschützt werden. Auch hier empfiehlt es sich, Jungpflanzen erst zu Beginn des Jahres beim Gärtner zu kaufen. Gänseblümchen sind hübsche Schnittblumen für die Vase.
Blütezeit: März bis Mai *Höhe:* 10–20 cm *Standort:* sonnig bis halbschattig

Blaues Gänseblümchen (Brachycome multiflora)

Erst vor gut 20 Jahren wurde das Blaue Gänseblümchen in Australien für den Sommerblumenmarkt entdeckt. Nach weiteren fünf Jahren war die Ampelpflanze weltweit schon auf der Beliebtheitsskala der Sommerblumen ganz oben.

So fühlen sie sich wohl: Wichtig für die Pflanzen sind durchlässige Böden, denn sie vertragen keine Staunässe. Sie wollen vielmehr gleichmäßige Feuchtigkeit und wenig Nährstoffe.
Das sollten Sie noch wissen: Färben sich die Blätter gelb, ist häufig Eisenmangel die Ursache. Dieser kann mit speziellen Düngern wieder ausgeglichen werden. Werden die Pflanzen zu nass gehalten, können die Blätter ebenfalls gelb werden. Die Anzucht der Blauen Gänseblümchen beginnt ab März im Gewächshaus oder auf der Fensterbank. Es empfiehlt sich aber, Jungpflanzen nach den Eisheiligen im Mai beim Gärtner zu kaufen.
Blütezeit: Mai bis Oktober *Höhe:* 20–30 cm *Standort:* sonnig

Zierkohl (Brassica oleracea)

Botanisch gehört der Zierkohl zu den Allerweltskohlarten, die gemeinhin in der Küche landen. Ihre Urformen wachsen wild an der Atlantikküste. Von dort stammen auch die Zierformen, die im Herbst in Töpfe und Schalen gepflanzt werden.

So fühlen sie sich wohl: Frische bis feuchte, nährstoffreiche Böden sind für die Pflanzen ideal.
Das sollten Sie noch wissen: Zierkohl braucht regelmäßig Wasser, damit seine Köpfe nicht welken. Werden hin und wieder welke Blätter entfernt, kann man sich an seinen prachtvollen Farben den ganzen Herbst über erfreuen.
Ausfärbungszeit: September bis Nov. *Höhe:* 20–30 cm *Standort:* sonnig

Ringelblume (Calendula officinalis)

Ringelblumen sind alte Heilpflanzen, die noch heute ihrer entzündungshemmenden Wirkung wegen als Tee oder Salbe verordnet werden. Der deutsche Name bezieht sich auf die gekrümmte Form der Samen, die im Garten die bezaubernden orangefarbenen Blüten hervorbringen.

So fühlen sie sich wohl: Ringelblumen stellen kaum Ansprüche an den Boden. Optimal sind mäßig trockene bis frische, durchlässige Standorte.
Das sollten Sie noch wissen: Es gibt mittlerweile eine Reihe reizvoller Sorten in diversen Orange-, Gelb- und Apricottönen. Die Saat kann ab April direkt ins Beet oder in Töpfe gesät werden. Meist hinterlassen die Blumen nach der Blüte an Ort und Stelle ihre Samen. Sie müssen dann selbst entscheiden, wo Sämlinge stehen bleiben sollen.
Blütezeit: Juni bis Sept. *Höhe:* 30–60 cm *Standort:* überwiegend sonnig

Sommer-Aster (Callistephus-Chinensis-Hybriden)

Französische Missionare schickten 1728 Samen der Sommer-Aster nach Paris. Rund 50 Jahre später zählte sie in Mitteleuropa schon zu einer der beliebtesten Sommerblumen, was sich bis heute nicht geändert hat.

So fühlen sie sich wohl: Ein guter, nährstoffreicher Boden, der nicht schnell austrocknet, ist wichtig für das gesunde Gedeihen der Sommer-Astern.
Das sollten Sie noch wissen: Ab Mai kann die Saat direkt ins Beet gesät werden. Das Sortiment der Sommer-Astern ist fast unüberschaubar groß. Sie werden in unterschiedlichen Höhen sowie mit gefüllten und ungefüllten Blüten in annähernd allen erdenklichen Farben angeboten. Das macht die Pflanze als Sommerblume reizvoll. Diese Freude kann eine Krankheit trüben, die die Pflanzen in kurzer Zeit welken lässt (»Welkekrankheit«). Sie tritt meist auf, wenn der Standort nicht gut ist. Stängel und Wurzelhals verfärben sich dann schwarzbraun, und die Pflanzen müssen sofort vernichtet werden. An die gleiche Stelle dürfen keine neuen Astern gepflanzt werden.
Blütezeit: Juli bis September *Höhe:* 20–90 cm *Standort:* sonnig

Einjährige Blumen | 121

Kornblume (Centaurea cyanus)

Früher schossen zwischen den Getreidestängeln, die sich im Hochsommer fahl gelb verfärbten, viele blaue Kornblumen empor. Heute ist die anspruchslose Art, die auch auf sandigen Böden an Wegrändern gedeiht, in der freien Natur selten geworden.

So fühlen sie sich wohl: Die Pflanzen kommen gut auf kargen Standorten zurecht. Problematisch sind eher nasse, schwere Böden. Erhalten Kornblumen zu viele Nährstoffe, neigen die Stängel dazu umzukippen.
Das sollten Sie noch wissen: Von März bis Juni können Sie die Blumen direkt in ein Beet säen. Dort gedeihen sie völlig problemlos. Mit Storchschnabel, Mohn und Margeriten bilden sie blühende Sommerwiesen. Wilde Kornblumen haben nur wenige gefranste, violette Blütenblätter, Kultursorten hingegen eine gefüllte Blüte. Es gibt sie in Blau- und Rosatönen sowie in Weiß – ideal für hübsche kleine Sträuße.
Blütezeit: Mai bis September *Höhe:* 30–90 cm *Standort:* sonnig

Strauch-Margerite (Chrysanthemum frutescens)

Sie ist eine der ersten Pflanzen, die den nach Frühling lechzenden Städtern in Töpfen als Stämmchen oder als kleiner Busch angeboten wird.

So fühlen sie sich wohl: Ihre Heimat haben Strauch-Margeriten auf den Kanarischen Inseln. Dort wachsen sie zu richtigen Sträuchern heran. Sie vertragen relativ viel Trockenheit und lieben durchlässige, nährstoffreiche Böden. Staunässe ist in jedem Fall zu vermeiden. Das gilt auch für die Pflanzen im Topf: Gießen Sie immer nur so viel, bis das Wasser unten herausrinnt. Es soll kein Wasser im Untersetzer stehen bleiben, denn dann verfaulen die Wurzeln.
Das sollten Sie noch wissen: Schneidet man das Verblühte regelmäßig zurück, blüht die Strauch-Margerite bis zum Herbst durch. Sie sollte auch regelmäßig gewässert und gedüngt werden. Die Pflanzen können sogar im Kübel überwintern. Dafür müssen sie hell und kühl, aber frostfrei untergebracht werden. Es gibt weiße, gelbe und rosafarbene Sorten.
Blütezeit: Mai bis Oktober *Höhe:* 40–100 cm *Standort:* sonnig

Herbst-Chrysantheme (Chrysanthemum-Indicum-Hybride)

Zum Ende des Sommers macht die Natur sich noch einmal fein und feiert ein rauschendes Fest in prächtigen Farben. Die Herbst-Chrysanthemen verkörpern diese Farbstimmung mit ihren satten Rot-, Orange- und Gelbtönen.

So fühlen sie sich wohl: Der Boden sollte durchlässig, nährstoffreich und frisch bis feucht sein. Staunässe mögen die Pflanzen nicht.
Das sollten Sie noch wissen: Im Grunde handelt es sich bei den Herbst-Chrysanthemen um Stauden, also mehrjährige Pflanzen. Viele Sorten können auch in den Garten gepflanzt werden und dort überwintern. Allerdings sind sie etwas frostempfindlich. Das Gros der Pflanzen wird jedoch als Herbstblume für Kübel und Töpfe angeboten.
Blütezeit: August bis Oktober *Höhe:* 25–50 cm *Standort:* sonnig

Spinnenblume (Cleome spinosa)

Trotz des eher abschreckenden Namens handelt es sich bei der Spinnenblume eher um die »feine Dame« unter den Sommerblumen. Sie ist von imposanter Erscheinung und trägt die bizarr geformten Blüten wie einen edlen Kopfschmuck.

So fühlen sie sich wohl: Die Pflanzen lieben die Wärme, denn sie stammen aus Südamerika. Sie bevorzugen mäßig trockene, durchlässige Böden.
Das sollten Sie noch wissen: Ab März wird die Spinnenblume im Gewächshaus oder auf der Fensterbank vorgezogen. Es empfiehlt sich aber, die Jungpflanzen nach den Eisheiligen beim Gärtner zu kaufen und ab Ende Mai, wenn sich der Boden gut erwärmt hat, einzupflanzen. Den Sommer über sollten Sie die Pflanzen gut mit Nährstoffen versorgen. Es gibt Sorten in Weiß, Rosa, Karminrosa und Violett.
Blütezeit: Juli bis Oktober *Höhe:* 80–140 cm *Standort:* sonnig

Kosmee, Schmuckkörbchen (Cosmos bipinnatus)

Im Jahr der Französischen Revolution bekam der Direktor des Botanischen Gartens in Madrid die ersten Kosmeen aus Mexiko. Er benannte diese rot blühende Stammform nach dem altgriechischen Wort kosméo: »schmücken«. Heute gehören die rosa Sorten dieser Art mit zu den beliebtesten Sommerblumen.

So fühlen sie sich wohl: Frische, nährstoffreiche, gelockerte Böden sind ideal.
Das sollten Sie noch wissen: Ab Ende März sollten Kosmeen im Gewächshaus oder auf der Fensterbank herangezogen werden. Es empfiehlt sich aber, die Jungpflanzen nach den Eisheiligen beim Gärtner zu kaufen und ab Ende Mai, wenn sich der Boden gut erwärmt hat, einzupflanzen. Eine Aussaat direkt ins Beet ist im Mai auch möglich. Die Pflanzen werden dann allerdings frühestens Ende Juli blühen. Sie müssen regelmäßig gewässert und mit Nährstoffen versorgt werden.
Blütezeit: Juni bis Oktober *Höhe:* 50–110 cm *Standort:* sonnig

Bartnelke (Dianthus barbatus)

Seit mehr als 500 Jahren werden die Bartnelken, die aus Südeuropa stammen, als Zierpflanzen kultiviert – erst in den fürstlichen Gartenanlagen, später vor allem in Bauerngärten. Ihren Namen hat sie dem Schopf zugespitzter Kelchblätter unterhalb der Blüte zu verdanken.

So fühlen sie sich wohl: Der Böden sollten mäßig trocken bis frisch, durchlässig und gut mit Nährstoffen versorgt sein.
Das sollten Sie noch wissen: Die Pflanzen sind zweijährig. Sie werden zwischen Mai und Juli in Töpfe oder in ein Beet ausgesät, blühen aber erst im Folgejahr. Vor dem Winter sollte man die Jungpflanzen mit Reisern abdecken. Sorten mit einfachen Blüten säen sich, wenn die Blütenstände stehen bleiben, selbst wieder aus. Die Sortenvielfalt reicht von Purpur über Karminrot, Lachsrot, Rosa und Weiß bis hin zu zweifarbigen Sorten.
Blütezeit: Mai bis August *Höhe:* 50–60 cm *Standort:* sonnig

ELFENSPORN (DIASCIA-HYBRIDEN)

Der Elfensporn kam vor rund zehn Jahren aus Südafrika auf den europäischen Sommerblumenmarkt, und er hat ihn im Sturm erobert. Die Farbe Rosa mit dunklem Auge wird favorisiert, denn ihre üppigen Blütenwellen verbreiten einen Hauch von Romantik.

So fühlen sie sich wohl: An das gemäßigte Klima Südafrikas gewöhnt, reagieren die Pflanzen auf Trockenheit und Staunässe empfindlich. Mäßig trockene bis frische Böden sind ihnen am liebsten. Sie überstehen sogar leichten Frost.

Das sollten Sie noch wissen: Die Blütentriebe hängen nach einiger Zeit bogenförmig über. Daher eignet sich Elfensporn am besten für Balkonkästen, Ampeln und hohe Töpfe. Dort sollte man sie solo pflanzen oder nur mit Blumen umgeben, die sich nicht so sehr breit machen wie Vanilleblumen oder Eisenkraut.

Blütezeit: Juni bis Oktober *Höhe:* 20–40 cm *Standort:* sonnig

HERBST-ERIKA (ERIKA GRACILIS)

Immer diese Frage: Ist Herbst-Erika nun frosthart oder nicht? Im September stehen die Pflanzen schon in den Gärtnereien. Doch halten sie den Winter durch? Die Antwort ist ein klares Nein. Der kleine Strauch aus Südafrika hält höchstens schwachen Frost aus und blüht nicht ohne Ende.

So fühlen sie sich wohl: Die Pflanzen bevorzugen mäßig trockene bis frische Böden. Staunässe und extreme Trockenheit mögen sie nicht.

Das sollten Sie noch wissen: Die Herbst-Eriken sehen zwar fast aus wie Trockenpflanzen, doch das täuscht. Sie brauchen regelmäßig Wasser. Nur so kann man verhindern, dass die Blüten schon bald rieseln. Neben rosa Sorten gibt es auch weiße. Nicht selten werden die gesamten Blütenstände eingefärbt, was die Pflanzen etwas künstlich erscheinen lässt.

Blütezeit: September bis zum Frost *Höhe:* 20–40 cm *Standort:* sonnig

FUCHSIE (FUCHSIA-HYBRIDEN)

In den Bergwäldern ihrer südamerikanischen Heimat wachsen Fuchsien zu großen Sträucher heran. Bei uns zählt das frostempfindliche Gewächs in der Regel zu den einjährigen Sommerblumen. Es ist eine der schönsten Pflanzen für Schattenplätze auf Balkon oder Terrasse.

So fühlen sie sich wohl: In der Natur gedeihen die Pflanzen auf lockeren, humosen Böden, die frisch bis feucht sein sollten.

Das sollten Sie noch wissen: Angeboten werden aufrecht wachsende und hängende Fuchsienformen. Hängende Sorten eignen sich nur für Balkonkästen und Ampeln. Alle Fuchsien haben einen hohen Wasserbedarf. Die Pflanzen können auch in kühlen, dunklen Räumen überwintern. Ihr Wurzelballen darf jedoch nie ganz austrocknen. Im Frühjahr werden sie dann um etwa ein Drittel zurückgeschnitten und anschließend gedüngt. Die Art Fuchsia magellanica kann in milden Regionen sogar den Winter über draußen bleiben.

Blütezeit: Mai bis Okt. *Höhe:* 30–100 cm *Standort:* halbschattig bis schattig

Sonnenblume (Helianthus annuus)
Mit ihrem hellen Blütenkranz um eine dunkle Mitte sind Sonnenblumen so etwas wie die Urform der Blumen. Sie scheinen sich in die Herzen der Betrachter zu lächeln. Kinder nehmen sie meist zum Vorbild, wenn sie eine Blume malen.

So fühlen sie sich wohl: Die Vorfahren der heutigen Züchtungen wuchsen in nordamerikanischen Prärien. Dort waren die Böden durchlässig, mäßig trocken bis frisch und durch die häufigen Feuer reich an Nährstoffen. Feste, verdichtete Böden mögen Sonnenblumen hingegen nicht.
Das sollten Sie noch wissen: Die Anzucht ist unproblematisch. Ab April können die Pflanzen in Töpfe oder direkt ins Beet gesät werden. Hohe Sorten brauchen später eine Stütze. Mittlerweile gibt es neben den rein gelben Sorten auch cremefarbene, rote und braunrote.
Blütezeit: Juli bis Oktober *Höhe:* 40–250 cm *Standort:* sonnig

Garten-Strohblume (Helichrysum bracteatum)
Vor mehr als 200 Jahren führten Engländer die Strohblume aus Australien nach Europa ein. Dort wurden sie Mitte des 19. Jahrhunderts als sogenannte »Immortelle« beliebt: Man band sie in Trockensträuße und Kränze und machte sie zum Symbol der Unsterblichkeit. Heute aber gilt sie vor allem als Blume der Bauerngärten, wo sie wegen ihrer heiteren Farben beliebt ist.

So fühlen sie sich wohl: Sie lieben durchlässige, mäßig trockene und wenig nahrhafte Böden. Bei zu vielen Nährstoffen fallen die Pflanzen auseinander. Nässe ist in jedem Fall zu vermeiden.
Das sollten Sie noch wissen: Strohblumen können Ende April in Töpfe oder direkt ins Beet gesät werden. Zum Trocknen müssen die Blumen an einem schattigen Ort mit den Blüten nach unten aufgehängt werden.
Blütezeit: Juli bis September *Höhe:* 30–100 cm *Standort:* sonnig

Vanilleblume (Heliotropium arborescens)
Das lateinische Wort »arborescens« heißt baumartig. In ihrer Heimat Peru werden Vanilleblumen bis zu zwei Meter hoch. Bei uns kennt man sie nur als handliche Sommerblume, die wegen ihres intensiven Blütenduftes auch von der Parfümindustrie geschätzt wird.

So fühlen sie sich wohl: Der Boden sollte frisch bis feucht sein.
Das sollten Sie noch wissen: Die Pflanzen haben im Sommer einen hohen Wasserbedarf. Sind der »Kopf« in der Sonne und die »Füße« in feuchter Erde, fühlen sie sich wohl. Schneiden Sie zudem Verblühtes heraus und düngen Sie die Pflanzen regelmäßig. Wer ein helles, kühles und frostfreies Gewächshaus hat, kann die Vanilleblume sogar unbeschadet über den Winter bringen.
Blütezeit: Mai bis Okt. *Höhe:* 25–50 cm *Standort:* Sonne bis lichter Schatten

Fleissiges Lieschen (Impatiens walleriana)

Vor gut 100 Jahren brachten Botaniker die Schatten liebende Pflanze von einer Expedition nach Ostafrika mit nach Deutschland. Anfangs wurde sie nur als Zimmerpflanze gehalten. Dort erwies sie sich als sehr blühwillig, was ihr bald den Namen »Fleißiges Lieschen« eintrug.

So fühlen sie sich wohl: Die Pflanzen lieben feuchte, kühle Standorte. Der Boden sollte frisch bis feucht sein. Hitze und Trockenheit sind zu vermeiden.
Das sollten Sie noch wissen: Nach etwa zwei Wochen sind Fleißige Lieschen in der Erde eingewurzelt. Dann blühen sie durchgehend bis zum Herbst, sogar noch an recht schattigen Orten. Sie brauchen regelmäßig Wasser und Nährstoffe. Die verwandten Impaties-Neu-Guinea-Hybriden wurden erst in den 70er-Jahren aus zwei Arten aus Neuguinea gekreuzt. Sie wachsen kompakter, werden bis zu 40 cm hoch und vertragen etwas Sonne.
Blütezeit: Mai bis Okt. *Höhe:* 10–30 cm *Standort:* halbschattig bis schattig

Wandelröschen (Lantana-Camara-Hybriden)

Wandelröschen sehen aus wie mediterrane Pflanzen, dabei stammen sie aus dem tropischen Amerika, wo sie bis zu drei Meter hoch werden. In den Gärtnereien werden sie als kleine Büsche und Hochstämme angeboten. Die Farben ihrer Blüten changieren, daher rührt der Name.

So fühlen sie sich wohl: Der Boden sollte frisch bis feucht sein, sonst rollt das ehemalige Tropengewächs seine Blätter relativ schnell ein.
Das sollten Sie noch wissen: Die Pflanzen brauchen regelmäßig Dünger und Wasser, um sich üppig zu entwickeln. Welke Blüten sollte man entfernen, sonst bilden sie kugelrunde Früchte aus, was die Zeit bis zu den nächsten Blüten verlängert. In einem hellen Raum können Wandelröschen bei etwa 10° C überwintern. Alle Teile der Pflanze sind giftig.
Blütezeit: Mai bis Oktober *Höhe:* 30–70 cm *Standort:* sonnig

Duftwicke (Lathyrus odoratus)

Auf dem Land sieht man häufig Duftwicken, die an Staketenzäunen emporranken. Diese rustikale Note lässt sich auch auf Stadtgärten oder im Topf wachsende Pflanzen für den Balkon übertragen. Dazu gibt man den Rankpflanzen ein Gerüst aus ungeschälten Haselnuss- oder Weidenruten.

So fühlen sie sich wohl: Die aus Süditalien stammende Pflanze braucht frische, durchlässige und nährstoffreiche Böden, die etwas Kalk enthalten dürfen. Nasse Standorte sind zu vermeiden.
Das sollten Sie noch wissen: Duftwicken können Ende April direkt in Töpfe oder ins Beet gesät werden. Sie bilden Ranken, mit denen sie sich an Stützen emporhangeln. Schneiden Sie regelmäßig blühende Triebe für kleine Duftsträuße heraus, dann bilden sich viele neue Knospen.
Blütezeit: Juli bis September *Höhe:* 100–200 cm *Standort:* sonnig

Männertreu (Lobelia erinus)

Sicherlich verdankt Männertreu dem reinen Blau der Blüten seinen Namen. Diese Farbe ist in der Natur tatsächlich selten, was die unkomplizierten Pflanzen äußerst begehrenswert macht.

So fühlen sie sich wohl: Das aus Südafrika stammende Gewächs braucht einen humosen Boden mit möglichst gleichmäßiger Feuchtigkeit, jedoch ohne Nässe.
Das sollten Sie noch wissen: Männertreu werden ab Februar im Gewächshaus oder auf der Fensterbank herangezogen. Es empfiehlt sich, Jungpflanzen nach den Eisheiligen beim Gärtner zu kaufen und auszupflanzen. Sie stammen meist aus Samen. Diese Pflanzen müssen zum Ende der Blüte kräftig zurückgeschnitten werden, um nochmals zu blühen. Mittlerweile sind auch Sorten auf dem Markt, die durch Stecklinge vermehrt wurden. Sie sind etwa doppelt so teuer wie die aus Samen gezogenen Sorten, blühen dafür aber den ganzen Sommer hindurch.
Blütezeit: Juni bis Sep. *Höhe:* 10–20 cm *Standort:* sonnig, leicht schattig

Duftsteinrich (Lobularia maritima)

Das Mittelmeergewächs ist völlig anspruchslos und gedeiht noch auf kargen Sandboden. Es duftet süß nach Honig und zieht so die Bienen magisch in den Bann seiner Blüten.

So fühlen sie sich wohl: Die Pflanzen sind unempfindlich gegen Trockenheit. Der Boden sollte warm, durchlässig und arm an Nährstoffen sein. Sonst entwickeln die Pflanzen viel Laubmasse und wenig Blüten.
Das sollten Sie noch wissen: Duftsteinrich kann ab April direkt ins Beet oder in Töpfe gesät werden. Meist vermehren sich die Pflanzen nach der Blüte selbstständig im Beet. Sie tauchen im folgenden Jahr dort wieder auf, wo sie Platz haben, und verschwinden erst, wenn andere Pflanzen sie im Lauf der Jahre verdrängen. Neben weißen sind auch rosa und violette Sorten im Handel.
Blütezeit: Juni bis Oktober *Höhe:* 5–15 cm *Standort:* sonnig

Vergissmeinnicht (Myosotis sylvatica)

War Ihnen klar, dass der botanische Name Myosotis »Mäuseohr« bedeutet, was sich auf die Form der Blätter bezieht? Was für eine Schmach für eine Frühlingsblume, die vor allem wegen ihrer entzückenden himmelblauen Blüten geliebt wird. Zum Glück gibt es noch den Namen »Vergissmeinnicht«.

So fühlen sie sich wohl: Die Pflanzen wollen einen lockeren, humosen Boden, der gut mit Nährstoffen versorgt ist. Er sollte zudem frisch bis feucht sein.
Das sollten Sie noch wissen: Vergissmeinnicht ist zweijährig. Es wird im Juli in Töpfe ausgesät, im September ausgepflanzt und blüht dann im folgenden Frühjahr. Vor dem Winter sollte man die Jungpflanzen mit Fichtenreisern abdecken. Es gibt Sorten in verschiedenen Blautönen, Rosa und Weiß. Lässt man die Pflanzen verblühen, fallen Samen aus, aus denen neue Pflanzen sprießen.
Blütezeit: April bis Juni *Höhe:* 15–30 cm *Standort:* sonnig

ELFENSPIEGEL (NEMESIA-HYBRIDEN)
Der aus Südafrika stammende Elfenspiegel fällt durch leuchtende Blütenfarben auf. Neue Züchtungen bescheren der seit mehr als 100 Jahren bekannten Sommerblume gerade ein Comeback.

So fühlen sie sich wohl: Ideal ist ein leichter, durchlässiger Boden, der gleichmäßig feucht gehalten werden sollte. Staunässe vertragen die Pflanzen nicht.
Das sollten Sie noch wissen: Auf dem Markt werden zwei Arten angeboten. Die zierliche Nemesia strumosa, wird aus Samen herangezogen. Sie muss nach der ersten Blüte zurückgeschnitten werden, um nochmals zu blühen. Nemesia fruticans hingegen wächst deutlich höher (bis zu 60 cm) und wird aus Stecklingen gezogen. Dafür blüht sie ohne Rückschnitt den ganzen Sommer hindurch, wenn Verblühtes stetig entfernt wird. Im Unterschied zu den zwei Spornen des Elfensporns trägt die ähnlich aussehende Sommerblume Elfenspiegel am Ende der Blüten nur einen Sporn.
Blütezeit: Juni bis Oktober *Höhe:* 25–60 cm *Standort:* sonnig

ZIER-TABAK (NICOTIANA SYLVESTRIS)
Argentinien ist die Heimat des Zier-Tabaks. Dessen Gestalt zeigt etwas von dem Stolz und der Grandezza, die dem Land eigen sind. Das verleiht ihm im Vergleich zu anderen Sommerblumen einen besonderen Charakter, den sein zarter Duft noch unterstreicht.

So fühlen sie sich wohl: Am besten sind frische, lockere, gut mit Nährstoffen versorgte Böden. Die Pflanzen vertragen auch leichten Schatten.
Das sollten Sie noch wissen: Zier-Tabak wird ab März im Gewächshaus oder auf der Fensterbank herangezogen. Einfacher ist es, Jungpflanzen beim Gärtner zu kaufen und nach den Eisheiligen auszupflanzen. Verbreitet ist auch Nicotiana x sanderae, eine kompakte Art, die nur bis 50 cm hoch wird. Alle Pflanzenteile des Zier-Tabaks sind giftig.
Blütezeit: Juni bis Oktober *Höhe:* 100–150 cm *Standort:* sonnig

JUNGFER IM GRÜNEN, SCHWARZKÜMMEL (NIGELLA DAMASCENA)
Die besondere Stellung der Blüten, die inmitten fein zerteilter Hüllblätter stehen, gab der Jungfer im Grünen ihren Namen. Sie ist schon seit knapp 500 Jahren in Kultur und war in den Gärten der Bauern wie der Städter gleichermaßen beliebt.

So fühlen sie sich wohl: Die aus dem Mittelmeerraum stammende Blume ist anspruchslos. Sie gedeiht noch auf trockenen, nährstoffarmen Böden. Probleme bereiten eher nasse Standorte.
Das sollten Sie noch wissen: Die Pflanzen können ab März direkt in Töpfe oder ins Beet gesät werden. Nach der Blüte bilden sie große, blasenartige Fruchtkapseln, die getrocknet schön aussehen. Neben der verbreiteten blau blühenden Art gibt es auch Sorten in Weiß und Rosa.
Blütezeit: Juni bis September *Höhe:* 30–50 cm *Standort:* sonnig

Klatschmohn (Papaver rhoeas)

Zunächst galt Klatschmohn nur als Getreideunkraut. Doch dann fand man gefüllt blühende Formen, und im Handumdrehen wurde daraus auch eine Zierde für die Gärten. Das ist schon etwa ein halbes Jahrhundert her. Heute hat der Klatschmohn in der Natur Seltenheitswert, und man freut sich, wenn man ihn einmal wild sieht.

So fühlen sie sich wohl: Die Pflanzen sprießen sogar noch in reinen Sandböden. Kaum eine andere Blume ist so anspruchslos. Nur Nässe mögen sie nicht.
Das sollten Sie noch wissen: Die Pflanzen können ab März direkt in Töpfe oder ins Beet gesät werden. Der Seidenmohn ist eine Variante des Klatschmohns, die schon um 1880 gezüchtet wurde. Meist wird die Sorte ›Shirley Double Mixture‹ angeboten. ›Marienkäfer‹ ist eine originelle Sorte mit schwarzen Punkten auf den Blütenblättern.
Blütezeit: Mai bis Juli *Höhe:* 30–60 cm *Standort:* sonnig

Geranie (Pelargonium-Hybriden)

Die unangefochtene Nummer eins unter den Sommerblumen sind nach wie vor Geranien. Pardon, korrekt heißt der aus Südafrika zu uns gekommene Halbstrauch Pelargonie. Komischerweise hat sich die einstige wissenschaftliche Bezeichnung Linnés, die schon bald darauf in Pelargonium korrigiert wurde, bis heute hartnäckig im Volksmund gehalten.

So fühlen sie sich wohl: Wichtig sind ein guter Boden, gleichmäßige Feuchte und eine gute Nährstoffversorgung. Extreme mögen Pelargonien gar nicht.
Das sollten Sie noch wissen: Unterschieden werden Hängepelargonien (Pelargonium pelatatum) und aufrecht wachsende Pelargonien (Pelargonium zonale). Beide Arten sollten regelmäßig gegossen und gedüngt werden, am besten mit einem Flüssigdünger. Dann entwickeln Hängegeranien bis zu ein Meter lange Triebe, wie man sie häufig an Balkonen in Bayern sieht. Welke Blüten müssen vor allem an den aufrecht wachsenden Sorten entfernt werden.
Blütezeit: Mai bis Oktober *Höhe:* 30–40 cm *Standort:* sonnig

Bartfaden (Penstemon-Hybriden)

Die Staude aus den südlichen USA ist bei uns leider nicht zuverlässig winterhart. Ihrer prächtigen glockenförmigen Blüten wegen lohnt aber eine jährliche Neupflanzung – und mit etwas Glück kommen die Pflanzen sogar über den Winter.

So fühlen sie sich wohl: Optimal sind warme, frische und gut mit Nährstoffen versorgte Böden.
Das sollten Sie noch wissen: Die Pflanzen werden ab Februar im Gewächshaus oder auf der Fensterbank ausgesät. Einfacher ist es, Jungpflanzen beim Gärtner zu kaufen und nach den Eisheiligen auszupflanzen. In Trockenperioden müssen die Pflanzen gegossen werden. Wird die Pflanzstelle mit Laub oder Fichtenreisern abgedeckt, überstehen die Pflanzen manchmal sogar den Winter. Eine recht winterharte Sorte ist Penstemon barbartus ›Coccineus‹.
Blütezeit: Juni bis Oktober *Höhe:* 40–90 cm *Standort:* sonnig

Einjährige Blumen

Petunie (Petunia-Hybriden)

Die sympathisch altmodisch wirkende Petunie wird in der Beliebtheit mittlerweile von neuen, in Japan gezüchteten Formen überflügelt, die den Markt vor rund 15 Jahren im Sturm erobert haben. Diese neuen Hängepetunien erscheinen mit unterschiedlichen Namen, etwa als ›Surfinia‹ und ›Million Bells‹.

So fühlen sie sich wohl: Wie für Pelargonien gilt auch für Petunien: Ein guter Boden, gleichmäßige Feuchte und eine gute Nährstoffversorgung sind wichtig. Extremen und vor allem lang anhaltenden Regen mögen sie gar nicht.
Das sollten Sie noch wissen: Die Pflanzen werden am besten nach den Eisheiligen beim Gärtner gekauft und dann gepflanzt. Bei guter Ernährung und regelmäßigen Wassergaben können die Blütentriebe der Hängepetunien mehr als einen Meter lang werden. Ein Ausputzen welker Blüten fördert die Nachblüte.
Blütezeit: Mai bis Oktober *Höhe:* 20–40 cm *Standort:* sonnig

Husarenknopf (Sanvitalia procumbens)

Die Blüten des Husarenknopfs sehen wie kleine Sonnenblumen aus. Anders als die große Schwester hängen seine Blüten kaskadengleich über den Rand von Balkonkästen und Töpfen – eine hübsche Spielart zu anderen gelben Sommerblumen.

So fühlen sie sich wohl: Die aus Mexiko stammende Pflanze mag warme Standorte. Der Boden sollte locker und nur mäßig mit Nährstoffen versorgt sein.
Das sollten Sie noch wissen: Die Pflanzen werden ab März im Gewächshaus oder auf der Fensterbank ausgesät. Einfacher ist es, Jungpflanzen beim Gärtner zu kaufen und nach den Eisheiligen auszupflanzen. Verblühtes kappen, damit der Blütenreichtum bis zum Herbst anhält.
Blütezeit: Juni bis Oktober *Höhe:* 15–20 cm *Standort:* sonnig

Fächerblume (Scaevola aemula)

Vor gerade einmal 20 Jahren erschienen die ersten Fächerblumen auf dem Markt. Dank prachtvoll hängender Blütentrauben, die wie kleine Fächer aussehen, hat sich die aus Neukaledonien stammende Pflanze schnell durchgesetzt.

So fühlen sie sich wohl: Wichtig sind ein guter Boden, gleichmäßige Feuchte und eine gute Versorgung mit Nährstoffen. »Nasse Füße« und Trockenheit mögen Fächerblumen gar nicht.
Das sollten Sie noch wissen: Verblühtes stößt die Pflanze selbst ab. Sie muss also nicht regelmäßig ausgeputzt werden. Die Jungpflanzen sollten nach den Eisheiligen beim Gärtner gekauft und anschließend in Kästen, Ampeln oder hohe Töpfe gepflanzt werden. Die Pflanzen brauchen reichlich Dünger und regelmäßig Wasser, um den Sommer über mit großer Blütenfülle und den etwa einen halben Meter langen Trieben aufwarten zu können. Sorten in Blau und Weiß.
Blütezeit: Mai bis Oktober *Höhe:* 10–20 cm *Standort:* sonnig bis halbschattig

Schneeflockenblume (Sutera diffusus)

Auch die Schneeflockenblume ist ein Neuankömmling aus Südafrika, den es erst seit einigen Jahren auf dem Markt gibt. Ihre weißen Blütenwolken behaupten sich im Balkonkasten ebenso gut wie als fülliger Bodendecker im Beet.

So fühlen sie sich wohl: Die Blume ist sehr anpassungsfähig. Sie mag allerdings keine Extreme wie Nässe und Trockenheit. Dann stößt sie ihre Blüten ab.
Das sollten Sie noch wissen: Teils werden Schneeflockenblumen noch unter der botanischen Bezeichnung Bacopa geführt. Die Pflanzen sollten Sie beim Gärtner kaufen und dann auspflanzen. Sie überstehen gelegentlichen leichten Frost und lassen sich hell überwintern.
Blütezeit: April bis Oktober *Höhe:* 10–15 cm *Standort:* sonnig bis halbschattig

Studentenblume (Tagetes-Arten)

Die Gruppe der aus Mexiko kommenden Blumen ist vielfältig: Einige sind nur so groß wie eine Teetasse, andere erreichen die Höhe einer Regentonne. Allen ist aber eines gemeinsam: die gelben, etwas krausen Blüten und Samen, die aussehen wie abgebrannte Streichhölzer.

So fühlen sie sich wohl: Der Boden darf für die Pflanzen mäßig trocken bis feucht sein. Sie vertragen nur mittlere Nährstoffgehalte und keine Tonböden.
Das sollten Sie noch wissen: Ab April lassen sich Studentenblumen beispielsweise in Töpfen heranziehen. Allein das Aussehen der Samen ist es wert, sie einmal selbst auszusäen. Sie keimen problemlos und sollten nach den Eisheiligen nach draußen gestellt oder ins Beet gepflanzt werden. Dort müssen sie vor Schnecken geschützt werden. Die großblütige Hohe Studentenblume (Tagetes erecta) wird bis zu 120 cm, die niedrige Art (Tagetes patula) bis zu 50 cm und die Feinblättrige Studentenblume (Tagetes tenuifolia) höchstens 30 cm hoch.
Blütezeit: Juni bis Oktober *Höhe:* 15–120 cm *Standort:* sonnig

Wucherblume, Mutterkraut (Tanacetum parthenium)

Diese alte Bauerngartenpflanze macht ihrem Namen alle Ehre. Einmal ausgepflanzt, wird man sie eigentlich nicht mehr los. Doch das stört nicht weiter, da sie in allen Pflanzenkombinationen, die nicht picobello sein müssen, hübsch aussieht.

So fühlen sie sich wohl: Die aus dem Mittelmeerraum kommende Pflanze ist anspruchslos. Sie gedeiht noch auf relativ trockenen, nährstoffarmen Böden. Problemtisch ist eher zu viel Nässe.
Das sollten Sie noch wissen: Eigentlich handelt es sich bei der Wucherblume um eine frostempfindliche Staude. Kommt sie bei uns einmal nicht heil durch den Winter, sät sie sich an passenden Standorten immer wieder aus und bleibt dem Garten so erhalten. Das Laub duftet aromatisch.
Blütezeit: Juni bis September *Höhe:* 60–80 cm *Standort:* sonnig

Schwarzäugige Susanne (Thunbergia alata)
Man kann der Schwarzäugigen Susanne beim Wachsen förmlich zusehen. Denn innerhalb weniger Wochen legt sie fast zwei Meter zurück – ideal, um dieses sich windende Gewächs im Sommer Zäune, Balkongitter und Rankpyramiden erklimmen zu lassen.

So fühlen sie sich wohl: Die aus Südafrika kommenden Pflanzen lieben einen mäßig trockenen bis frischen, durchlässigen Boden mit reichlich Nährstoffen.
Das sollten Sie noch wissen: Die Pflanzen werden ab März im Gewächshaus oder auf der Fensterbank ausgesät. Einfacher ist es, Jungpflanzen beim Gärtner zu kaufen und nach den Eisheiligen auszupflanzen. Sie sollten ihnen immer eine Kletterhilfe zur Seite stellen. Am besten sind sonnige, windgeschützte Plätze. Sorten in Gelb, Weiß und Orange.
Blütezeit: Juli bis Oktober *Höhe:* 140–180 cm *Standort:* sonnig

Kapuzinerkresse (Tropaeolum Sorten)
Die Wildarten wachsen in Süd- und Mittelamerika, von wo sie im 16. Jahrhundert nach Europa eingeführt wurden. Rasch in Kultur genommen, entwickelten sie sich zu beliebten Cottagegartenblumen. Der Sporn am hinteren Ende der Blüte, der an die Kapuze einer Mönchskutte erinnert, und der würzige Geschmack der Blätter gaben der Blume ihren Namen.

So fühlen sie sich wohl: Wählen Sie einen lockeren, nicht zu trockenen humosen Gartenboden. Die Pflanzen haben einen mäßigen Nährstoffbedarf. Bei zu viel Stickstoff bilden sie vorwiegend Blätter und wenig Blüten.
Das sollten Sie noch wissen: Die Aussaat erfolgt zwischen April und Juni direkt in ein Beet oder in Töpfe. Es werden zwei Formen angeboten. Achten Sie beim Kauf von Saatgut und Jungpflanzen darauf, ob Sie rankende Kapuzinerkresse vor sich haben. Ihre Triebe werden meterlang und brauchen eine Stütze. Alternativ gibt es buschige Sorten, die kompakt wachsen. Sie sind für Balkonkästen besser geeignet.
Blütezeit: Juli bis Okt. *Höhe:* 30–300 cm *Standort:* sonnig bis halbschattig

Schleier-Eisenkraut (Verbena bonariensis)
Das Schleier-Eisenkraut hat sich in den letzten Jahren zum heimlichen Star entwickelt. Auf den ersten Blick eher unscheinbar, stellt es alle anderen Spätsommerblüher in den Schatten. Denn die locker verzweigten lavendelfarbenen Blütenrispen thronen schließlich über allen anderen Sommerblumen, die dann nur noch welk und müde aussehen.

So fühlen sie sich wohl: Die Pflanze kommt aus der südamerikanischen Steppe. Sie liebt die Wärme und gedeiht noch auf relativ trockenen Böden, die jedoch gut mit Nährstoffen versorgt sein sollten. Sie mag keine Nässe.
Das sollten Sie noch wissen: Die Pflanzen werden ab Februar im Gewächshaus oder auf der Fensterbank vorgezogen. Einfacher ist es, Jungpflanzen beim Gärtner zu kaufen und nach den Eisheiligen auszupflanzen. Eigentlich handelt es sich beim Schleier-Eisenkraut um eine frostempfindliche Staude. In milden Jahren können sie den Winter unbeschadet überstehen. An passenden Standorten säen sich die Pflanzen selbst aus.
Blütezeit: Juli bis Oktober *Höhe:* 90–120 cm *Standort:* sonnig

Eisenkraut, Verbene (Verbena-Hybriden)

Verbenen sind Klassiker unter den Balkonblumen. Ihre Blüten sind jedoch subtiler als etwa die der Pelargonien. Das feine Laub lässt sie zierlich erscheinen. Die zarten Töne in Rosa und Violett verleihen ihnen eine romantisch-feminine Note.

So fühlen sie sich wohl: Mäßig trockene bis frische, durchlässige Böden sind ideal. Zudem sollten diese nährstoffreich sein. Nässe und schwere Böden sind für die Pflanzen ungeeignet.
Das sollten Sie noch wissen: Die Pflanzen werden ab Februar im Gewächshaus oder auf der Fensterbank vorgezogen. Einfacher ist es, Jungpflanzen beim Gärtner zu kaufen und nach den Eisheiligen auszupflanzen. Es gibt Sorten, die aufrecht wachsen, und solche, die leicht überhängen. Verblühtes sollte regelmäßig herausgeschnitten werden, damit sich schnell neue Blüten bilden.
Blütezeit: Mai bis September *Höhe:* 20–40 cm *Standort:* sonnig

Stiefmütterchen und Hornveilchen (Viola wittrockiana, Viola cornuta)

Lange hatten Stiefmütterchen die Nase vorn. Doch mittlerweile stehlen ihnen ihre kleinen Schwestern, die Hornveilchen, die Show. Sie erscheinen mit ihrer Fülle an Blüten natürlicher und daher reizvoller.

So fühlen sie sich wohl: Der Boden sollte frisch bis feucht, locker, humos und gut mit Nährstoffen versorgt sein.
Das sollten Sie noch wissen: Stiefmütterchen sind zweijährig. Sie werden im Juli ausgesät und können schon im Herbst ausgepflanzt werden. Im folgenden Frühjahr blühen sie. Hornveilchen, sie heißen auch Mini-Stiefmütterchen, sind kurzlebige Stauden. Doch auch sie werden meist zweijährig kultiviert. Bei ihnen ist die Chance hingegen groß, dass sie nach einem weiteren Jahr von selbst wiederkommen. Manchmal keimen auch einfach nur ihre Samen, die nach der Blüte ausgefallen sind. Am besten kaufen Sie die Pflanzen im Frühjahr beim Gärtner.
Blütezeit: April bis Juni *Höhe:* 10–25 cm *Standort:* sonnig

Zinnie (Zinnia elegans)

Zinnien sind gebürtige Mexikanerinnen, die ihren Weg erst vor rund 250 Jahren nach Europa fanden. Ihre Blüten erinnern an die von Dahlien. Es gibt sie in vielen verschiedenen Farben, aus denen sich kecke Blumensträuße binden lassen, die sich zudem gut in der Vase halten.

So fühlen sie sich wohl: Die Pflanzen zählen zu den etwas anspruchsvolleren Beautys. Sie sind wärmebedürftig und lieben geschützte Plätze in der Sonne. Angemessene Aufmerksamkeit, wie regelmäßiges Düngen und Wässern, belohnen sie mit einer reichen Blüte.
Das sollten Sie noch wissen: Zinnien müssen ab April geschützt im Gewächshaus oder auf der Fensterbank angezogen werden. Wer diese Mühe scheut, kauft ab Mai Jungpflanzen und pflanzt diese an Ort und Stelle ein. Ihre gedeckten Rosa- und Rottöne verbreiten einen altmodischen Charme, der sich in cottagegartenähnliche Pflanzungen fügt. Mit ihren feurigen Blütenfarben lassen sich temperamentvoll-exotische Arrangements gestalten.
Blütezeit: Juni bis September *Höhe:* 30–100 cm, *Standort:* sonnig

Stauden sind langlebige, krautige Pflanzen, deren Knospen im Frühjahr wieder aus dem Boden sprießen. Teils nach der Blüte, spätestens aber vor dem Winter, sterben ihre grünen Pflanzenteile ab (eine Ausnahme bilden wintergrüne Stauden). Die Nährstoffe werden zu großen Teilen in der Wurzel deponiert. Viele Stauden breiten sich mit den Jahren aus. Die so entstehenden Horste lassen sich einfach wieder verkleinern, indem man Stücke mit dem Spaten absticht. Stauden-Hybriden entstehen durch langjährige Züchtung. Sie sind mit den ursprünglichen Naturarten nur noch entfernt verwandt.

BALKAN-BÄRENKLAU (ACANTHUS HUNGARICUS)

Der Bärenklau lieferte in der Antike das Vorbild für den Blätterkelch an korinthischen Säulenkapitellen. Die aus dem Mittelmeerraum stammende Pflanze wird im Beet zu einer imposanten Erscheinung, die hübsche Akzente setzt.

So fühlen sie sich wohl: Die Pflanzen sind anspruchslos und gedeihen in tiefgründigen Gartenböden, in denen die Pfahlwurzeln sich gut entfalten können. Problematisch sind eher nasse Standorte. Im ersten Jahr nach der Pflanzung sollte die Pflanzstelle über Winter mit Laub abgedeckt werden.
Das sollten Sie noch wissen: Hat die Staude sich an Ort und Stelle etabliert, ist sie sehr zuverlässig. Ihre stattlichen Blatt- und Blütenstände, die für ein mediterranes Lebensgefühl sorgen, beeindrucken jedes Jahr erneut. Der Balkan-Bärenklau hat jedoch nichts mit dem als Unkraut gefürchteten Riesenbärenklau (Heracleum sphondyleum) zu tun.
Blütezeit: Juli bis August *Höhe:* 60–100 cm *Standort:* sonnig, halbschattig

SCHAFGARBE (ACHILLEA FILIPENDULINA)

Wie kleine Sonnenschirme ragen die Dolden der Schafgarbe aus den Beeten. Sie betonen die horizontalen Linien einer Gestaltung. Die einstige Wiesenpflanze zeigt eine Palette warmer Farben, die zum modernen Landhausstil passt.

So fühlen sie sich wohl: Der Boden sollte durchlässig, lieber etwas trockener als zu feucht sein. Die Pflanzen sind relativ genügsam. Bekommen sie zu viele Nährstoffe, fallen sie auseinander. Sie überstehen kurze Trockenperioden.
Das sollten Sie noch wissen: Die Blütezeit verlängert sich, wenn Verblühtes herausgeschnitten wird. Über Winter sehen die trockenen Blütenstände recht schön aus. Zu den schönsten Sorten gehören die goldgelbe ›Coronation Gold‹, die cremegelbe ›Credo‹, die feuerrote ›Feuerland‹ und die orange braune ›Terrakotta‹. Die verwandte Wiesenschafgarbe (Achillea millefolia) ist noch anspruchsloser. Allerdings neigt diese Art zum Wuchern. Sie sollte nur dort gepflanzt werden, wo sie sich ausbreiten darf.
Blütezeit: Juli bis September *Höhe:* 60–120 cm *Standort:* sonnig

HERBST-ANEMONE (ANEMONE-JAPONICA-HYBRIDEN)

Diese Königinnen des Spätsommers thronen auf langen, leicht gewundenen Stängeln, von denen herab sie das Blumenvolk regieren. Ein Windstoß lässt die grazilen Beautys in den Beeten anmutig tanzen.

So fühlen sie sich wohl: Humusreiche, frische bis feuchte Böden sind die Voraussetzung für ein optimales Gedeihen der Herbst-Anemonen. Verteilen Sie regelmäßig Laub oder Kompost zwischen den aus Wäldern stammenden Pflanzen.

Das sollten Sie noch wissen: Werden die Pflanzen im Herbst gesetzt, müssen sie mit Laub oder Reisig abgedeckt werden, sonst besteht die Gefahr des Erfrierens. Eine Pflanzung im Frühjahr ist daher vorzuziehen. Herbst-Anemonen entwickeln sich langsam und zeigen erst nach drei bis vier Jahren ihre volle Schönheit.

Blütezeit: August bis Oktober *Höhe:* 70–120 cm *Standort:* halbschattig

STOCKROSE (ALCEA ROSEA)

Sie sind der Inbegriff eines malerischen Landlebens à la Bullerbü. In Schweden und Dänemark wachsen sie fast vor jeder Haustür. Die langstieligen Schönheiten suchen sich den Platz, an dem sie sich wohlfühlen, am besten selbst.

So fühlen sie sich wohl: Sie lieben Sonne und etwas Wind. Ein luftiger, warmer Stand vermindert die Gefahr, von Rostpilzen befallen zu werden, was den Stockrosen leider leicht passiert. Der Boden sollte locker und durchlässig sein.

Das sollten Sie noch wissen: Stockrosen sind zweijährige Stauden. Sie werden im ersten Jahr gesät und kommen erst im darauffolgenden Jahr zur Blüte. Häufig sterben sie danach ab. Vorher verteilen sie reichlich Samen, die an geeigneten Orten keimen. Sie entscheiden, ob die Pflanzen dort wieder heranwachsen sollen.

Blütezeit: Juli bis September *Höhe:* 150–200 cm *Standort:* sonnig

FRAUENMANTEL (ALCHEMILLA MOLLIS)

Sie sind unsicher, ob Sie ein gutes Händchen für zarte Pflanzen haben? Dann versuchen Sie es mit Frauenmantel! Er ist genügsam und entwickelt sich prächtig, sodass Sie bald schon Ableger an Freundinnen weiterreichen können.

So fühlen sie sich wohl: Die Pflanzen kommen fast überall gut zurecht: auf leichten und schweren Böden, mit viel und mit wenig Sonne. Vor allem bedecken sie schnell die Erde, was viel Arbeit beim Unkrautjäten erspart.

Das sollten Sie noch wissen: Werden die Pflanzen nach der Blüte zurückgeschnitten, treiben sie noch einmal mit frischem Blattgrün aus. Der Rückschnitt verhindert zudem die Ausbreitung der Art im Garten durch Samen. Frauenmantel sieht zusammen mit violettem Stauden schön aus, etwa dem Storchschnabel Geranium x magnificum. Die Tropfen an den Blatträndern werden von den Pflanzen bei hoher Luftfeuchtigkeit selbst ausgeschieden.

Blütezeit: Juni bis August *Höhe:* 30–50 cm *Standort:* sonnig, halbschattig

Akelei (Aquilegia Caerulea-Hybriden)

Die gewöhnliche Akelei (Aquilegia vulgaris) wächst bei uns in Laubwäldern und an Gebüschrändern noch wild. Daraus sind im Lauf der Zeit grazile Züchtungen geworden, die mit den langen Blütenspornen aussehen wie kleine Kobolde.

So fühlen sie sich wohl: Frische, humose Böden werden bevorzugt. Doch im Grunde ist Akelei anspruchslos und erträgt auch noch etwas Trockenheit.
Das sollten Sie noch wissen: Nach der Blüte trocknet das Laub ein und sieht nicht mehr so schön aus. Gut, wenn es dann von benachbarten Stauden verdeckt wird. Die Pflanzen sind eher kurzlebig. Sie vermehren sich jedoch durch Selbstaussaat. Lassen Sie einige der Sämlinge stehen, dann bleibt Ihnen die Akelei im Garten erhalten. Teile der Pflanzen sind leicht giftig.
Blütezeit: Mai bis Juni *Höhe:* 40–70 cm *Standort:* sonnig bis halbschattig

Aster (Aster-Arten)

Auf dem Land heißen Astern wegen der Form ihrer Blüten auch »Sternkraut«. In der Tat prägen sie vielfach das Bild der Bauern- und Cottagegärten, denn sie sind teils schon vor mehr als 400 Jahren aus Nordamerika zu uns gekommen. Bekannt sind vor allem die ab Ende August blühenden Arten wie Kissen-Astern (Aster dumosus), Myrten-Aster (Aster ericoides), Raublatt-Aster (Aster novae-angliae) und Glattblatt-Aster (Aster novi-belgii).

So fühlen sie sich wohl: Die prachtvollen Herbst-Astern brauchen frische bis feuchte und gut mit Nährstoffen versorgte Böden. Die wilderen Arten, zu denen auch die Myrten-Astern gehören vertragen auch etwas Trockenheit.
Das sollten Sie noch wissen: Nach der Blüte die Pflanzen zurückschneiden. Verkahlt der Horst einer Pflanze in der Mitte, dann wird dieser mit einem Spaten in Stücke gestochen. Die vitalen Teile werden anschließend neu eingepflanzt. In speziellen Staudengärtnereien gibt es noch weitere aparte Wildaster-Arten.
Blütezeit: August bis Oktober *Höhe:* 20–140 cm *Standort:* sonnig

Prachtspiere (Astilbe-Arendsii-Hybriden)

Man sieht es der eleganten, zarten Verzweigung der Blütenstände an, dass diese Staude asiatischen Ursprungs ist. In der ersten Hälfte des letzten Jahrhunderts hat vor allem der deutsche Züchter Georg Arends einige der schönsten Sorten kreiert.

So fühlen sie sich wohl: Ursprünglich in Bergwäldern beheimatet, lieben Prachtspieren einen kühlen, feuchten Standort. Der Boden sollte frisch, humusreich und gut mit Nährstoffen versorgt sein. Ideal ist es, wenn Sie im Frühjahr einige Zentimeter Kompost um die Pflanzen herum verteilen.
Das sollten Sie noch wissen: In Trockenperioden sollten die Pflanzen besprüht und gewässert werden. Von ihren Ansprüchen her passen sie gut zu Rhododendren. Sind die verblüht, beginnt die Blütezeit der Prachtspieren. So bleiben die Rhododendrenbeete den ganzen Sommer hindurch reizvoll. Neben den Arendsii-Hybriden gibt es noch andere schöne Prachtspieren-Arten.
Blütezeit: Juli bis September *Höhe:* 60–120 cm *Standort:* halbschattig

STERNDOLDE (ASTRANTIA MAJOR)

Die Mischung aus Grandezza und Verspieltheit hat die Sterndolde zu einem Blütenstar für junge Gartendesigner gemacht. Sie greifen die reizvollen, neuen Sorten für die immer beliebter werdenden naturnahen Pflanzungen begierig auf.

So fühlen sie sich wohl: Optimal sind frische bis feuchte, gut mit Nährstoffen und Humus versorgte Böden. Bei ausreichender Feuchtigkeit ist auch ein sonniger Standort möglich. Trockenheit vertragen sie jedoch nicht.
Das sollten Sie noch wissen: Zwei der schönsten Sorten sind ›Claret‹ mit dunkelrubinroten Blüten und fast schwarzen Blütenstielen und ›Roma‹, deren rosa Blüten silbrig schimmern. Sterndolden sehen auch hübsch in der Vase und in getrocknetem Zustand aus.
Blütezeit: Juni bis August **Höhe:** 50–70 cm **Standort:** licht- oder halbschattig

BERGENIE (BERGENIA CORDIFOLIA)

Bisweilen werden Bergenien wegen ihrer Blätter abfällig »Salat« genannt. Doch die Ähnlichkeit ist wenn überhaupt nur optisch. Vielmehr handelt es sich bei ihnen um robuste Bodendecker, die einer Pflanzung klare Strukturen verleihen.

So fühlen sie sich wohl: Die Pflanzen bevorzugen einen guter Gartenboden. Sie kommen jedoch auch mit Trockenheit zurecht und sind insgesamt anspruchslos.
Das sollten Sie noch wissen: Das Laub bleibt auch den Winter über grün. Um lange Freude an Bergenien zu haben, sollte man gute Sorten wählen, etwa ›Admiral‹, sie blüht purpurrosa, die violettrote ›Eroica‹, die hellrosa ›Oeschberg‹ oder ›Herbstblüte‹, die ihre dunkelrosa Blüten im Frühjahr und im Herbst zeigt.
Blütezeit: April bis Mai **Höhe:** 20–40 cm **Standort:** sonnig bis halbschattig

KAUKASUS-VERGISSMEINNICHT (BRUNNERA MACROPHYLLA)

Die Blüten sehen denen der beliebten Frühjahrsblume zum Verwechseln ähnlich. Allerdings ist diese Art viel langlebiger als ihre Schwester und überraschend vielseitig – also eine perfekte Pflanze für noch wenig erfahrene Gärtnerinnen.

So fühlen sie sich wohl: Der Boden sollte nicht zu trocken sein. In ihrer Heimat, dem Kaukasus, wächst diese Staude auf Wiesen und in Wäldern. Sie verträgt also relativ viel Schatten und bei ausreichender Feuchtigkeit auch Sonne.
Das sollten Sie noch wissen: Die Pflanzen bilden zunächst kleine Horste und breiten sich dann langsam aus. Sie eignen sich ideal als Bodendecker, die sogar an ungünstigen Stellen, etwa unter Büschen und Bäumen, noch gut gedeihen. Das herzförmige Laub bleibt auch nach der Blüte der Pflanze noch frisch grün. Neben blau blühenden Sorten gibt es ›Betty Browing‹ mit weißen Blüten und Sorten mit silbrig geflecktem Laub wie ›Jack Frost‹.
Blütezeit: April bis Mai **Höhe:** 30–50 cm **Standort:** sonnig bis halbschattig

Glockenblume (Campanula-Arten)
Unter den vielen verschiedenen Arten stechen die hohen Dolden-Glockenblumen (Campanula lactiflora), die den Strauchrosen gut zur Seite stehen, und die genügsame Teppich-Glockenblume (Campanula poscharskyana) besonders hervor.

So fühlen sie sich wohl: Die hohen Arten stammen von Waldlichtungen. Sie brauchen also einen eher feuchten, humusreichen Boden. Die niedrigen Teppich bildenden Arten gedeihen auf steinigem Untergrund in den Bergen. Sie sind also an durchlässige, nährstoffarme Böden gewöhnt.
Das sollten Sie noch wissen: Auch Schnecken mögen Glockenblumen, also aufgepasst. Alle anderen Glockenblumen sind ebenso einen Versuch wert. Vorsicht bei Campanula persicifolia. Diese Art breitet sich durch Samen stark in den Beeten aus. Das sorgt jedes Jahr für tolle Überraschungen, doch nicht jeder mag diese Form der unkontrollierten Fortpflanzung.
C. lactiflora: *Blütezeit:* Juni bis Juli *Höhe:* 80–100 cm *Standort:* halbschattig
C. poscharskyana: *Blütezeit:* Juni bis Juli *Höhe:* 20 cm *Standort:* sonnig

Silberkerzen (Cimicifuga-Arten)
Sie finden, Ihr Garten könnte im Spätsommer noch etwas mehr Pep vertragen? Dann sind die eleganten Silberkerzen genau das Richtige für Sie. Diese langlebigen Stauden mit den schlanken Blütenkerzen gedeihen sogar im Schatten.

So fühlen sie sich wohl: Die Pflanzen stammen aus Wäldern und lieben daher einen kühlen Standort. Der Boden sollte frisch, locker und humos sein.
Das sollten Sie noch wissen: Versorgen Sie die Silberkerzen bei Trockenheit immer gut mit Wasser. Es gibt drei hübsche Arten: Die schon ab Juli blühende Cimicifuga racemosa. Cimicifuga ramosa mit der schönen rotlaubigen Sorte ›Atropurpureum‹ blüht ab September. Und Cimicifuga simplex ›White Pearl‹ schließlich bringt erst im Oktober ihre schneeweißen Blüten zum Vorschein.
Blütezeit: Juli bis Okt. *Höhe:* 120–180 cm *Standort:* licht- oder halbschattig

Rittersporn (Delphinium-Hybriden)
Neben den vornehm wirkenden Delphinium-Belladonna-Hybriden mit lockerem, nur etwa hüfthohem Wuchs gibt es zwei weitere Rittersporngruppen: die stattlichen Delphinium-Elatum-Hybriden mit hohen, kerzengeraden, dicht besetzten Blütenständen und die nicht ganz so grazilen Delphinium-Pacific-Hybriden.

So fühlen sie sich wohl: Alle Rittersporn-Hybriden brauchen einen guten Gartenboden ohne Staunässe und reich an Nährstoffen. Sie vertragen leichten Schatten, aber nicht den Konkurrenzdruck anderer Pflanzen oder von Unkraut.
Das sollten Sie noch wissen: Unmittelbar nach der Blüte sollten Sie die Pflanzen etwa handbreit über dem Boden zurückschneiden. Anschließend etwas düngen, dann blühen sie im Spätsommer ein zweites Mal. Generell muss man Rittersporn vor Schnecken schützen, und an windexponierten Stellen sollte man ihn stützen.
Blütezeit: Juni und August *Höhe:* 80–200 cm *Standort:* sonnig

Pfingst-Nelke (Dianthus gratianopolitanus)

Die britische Gartenbuchautorin Margery Fish nennt alle gutmütigen, süß duftenden und malvenfarben angehauchten Formen »Cottage-Nelken«. Dazu zählen auch die Pfingst-Nelken, die zudem mehrfarbige Blüten zu bieten haben.

So fühlen sie sich wohl: Ihr graues Laub zeigt schon, dass sie es mit Hitze und Trockenheit aufnehmen können. Grundsätzlich sollten die Böden durchlässig und mäßig trocken sein. Bei Staunässe verfaulen die Pflanzen.
Das sollten Sie noch wissen: Bekommen Pfingst-Nelken zu viel Dünger, vergrünen die meist graugrünen Laubpolster und werden anfällig für Pilzkrankheiten. Gerade die Laubpolster eignen sich gut, um Beete und Wege zu begrenzen. Dazu passen die etwas höheren Federnelken (Dianthus plumarius).
Blütezeit: Mai bis Juni *Höhe:* 5–15 cm *Standort:* sonnig

Tränendes Herz (Dicentra spectabilis)

Ursprünglich stammt die Pflanze aus China. Sie gelangte erst um 1850 nach Europa, wo sie im Handumdrehen zu einer der beliebtesten Gartenblumen wurde. Heute hängt ihr das Image einer altmodischen Bauerngartenpflanze an.

So fühlen sie sich wohl: Am besten sind lockere, humusreiche Böden mit ausreichender Feuchtigkeit. Die ehemalige Waldpflanze liebt es kühl und windgeschützt.
Das sollten Sie noch wissen: Nach der Blüten vergilben die Pflanzen, das Laub stirbt ab, und die Energiereserven werden für das nächste Jahr in der Wurzelknolle eingelagert. Ideal sind Nachbarpflanzen, die dann die Leerstelle einnehmen können, z. B. Silberkerzen oder Herbst-Anemonen. Neben der rosa blühenden Form gibt es auch die Sorte ›Alba‹ mit rein weißen Blüten.
Blütezeit: Mai bis Juni *Höhe:* 60–80 cm *Standort:* sonnig bis halbschattig

Fingerhut (Digitalis purpurea)

Nach einem Kahlschlag und auf Lichtungen sprießen vielfach Fingerhüte aus dem Boden. Die Wildstaude liebt also den lichten Schatten heimischer Wälder. Doch bitte nicht vergessen: Sie gehört zu einer der giftigsten Pflanzen unserer Breiten.

So fühlen sie sich wohl: Der Fingerhut ist anspruchslos. Er verträgt Trockenheit relativ gut und gedeiht daher auch auf humosen Sandböden. Was er nicht mag, sind Laubbäume, die ihn im Herbst unter Bergen von Blättern begraben.
Das sollten Sie noch wissen: Die Staude ist meist nur zweijährig. Im ersten Jahr macht sie eine filzige Blattrosette, aus der sich im Folgejahr der imposante Blütenstand erhebt. Anschließend fallen die Samen aus, verteilen sich in den Beeten, und die Pflanze stirbt ab. Bald darauf erscheinen schon die frischen Keimlinge. Wo diese stehen bleiben dürfen, entscheiden Sie selbst.
Blütezeit: Juni bis Juli *Höhe:* 100–140 cm *Standort:* sonnig bis halbschattig

Wurmfarn (Dryopteris-Arten)

Farne werden gern übersehen, weil sie keine Blüten zu bieten haben. Bei genauerem Hinsehen fällt jedoch auf, dass ihre kunstvollen Blattwedel, die wie kleine Fontänen aus dem Boden kommen, das allemal wettmachen.

So fühlen sie sich wohl: Die Waldpflanzen möchten gern einen kühlen Standort. Der Boden sollte feucht und in jedem Fall reich an Humus sein.
Das sollten Sie noch wissen: Im Frühjahr müssen teils die trockenen Wedel abgeschnitten werden. Darüber hinaus sind Farne absolut pflegeleicht. Zusammen mit Elfenblumen und Prachtspieren lässt sich mit ihnen vor allem die platte Erde unter großen Bäumen in hübsche Beete verwandeln. Der Wurmfarn (Dryopteris filix-mas) ist eine anspruchslose Art, die auch in unseren Wäldern heimisch ist. Imposanter ist der Goldschuppenfarn (Dryopteris affinis). Seine Wedel kommen trichterförmig aus dem Boden und sind unten an der Basis goldfarben beschuppt.
Blütezeit: - *Höhe:* 50–100 cm *Standort:* halbschattig bis schattig

Purpur-Sonnenhut (Echinacea purpurea)

Viele kennen Echinacea nur als Heilpflanze. Das rot blühende Kraut wächst wild in den nordamerikanischen Prärien. Jüngst sind Sorten entstanden, die den Garten im Spätsommer zum Schauplatz skurriler Blütenhüte machen können.

So fühlen sie sich wohl: Die Pflanzen stellen keine so hohen Ansprüche an den Feuchtigkeits- und Nährstoffgehalt des Bodens. Extreme lieben sie nicht.
Das sollten Sie noch wissen: Es gibt nur wenige schöne Stauden des Spätsommers. Der Purpur-Sonnenhut ist eine davon. Zumal in den letzten Jahren viele tolle Sorten auf den Markt gekommen sind. Die schönsten sind: die weiß blühende ›Alba‹, ›Sunset‹ mit lachsorangen Blüten und kupferfarbener Mitte und die purpurrosa gefüllt blühende ›Razzmatazz‹. Möchten man die Sorten erhalten, sollten die Pflanzen nach der Blüte zurückgeschnitten werden, damit sich keine Samen bilden. Denn die frischen Sämlinge wären nicht mehr sortenrein.
Blütezeit: Juli bis September *Höhe:* 70–100 cm *Standort:* sonnig

Elfenblume (Epimedium-Arten)

Mit den Elfenblumen blüht sogar der Schatten auf. Sie können sich unter widrigen Lichtverhältnissen problemlos breitmachen und bezaubern im Frühjahr zudem mit entzückenden kleinen Blüten, die der Pflanze ihren Namen gaben.

So fühlen sie sich wohl: Natürlich handelt es sich bei den Elfenblumen um Pflanzen, die in der Natur in Wäldern und im Unterholz ihr Auskommen haben. Sie lieben also kühle Standorte und feuchte, humose Böden.
Das sollten Sie noch wissen: In Trockenzeiten sollten die Pflanzen gewässert werden. Die schönsten Arten und Sorten: Epimedium grandiflorum ›Elfenkönigin‹ mit weißen Blüten; Epimedium x perralchicum ›Frohnleiten‹ mit gelben Blüten und im Winter grünem Laub; das sehr robuste Epimedium pinnatum ssp. colchicum mit gelben Blüten und im Winter grünem Laub; Epimedium x warleyense ›Orangekönigin‹ mit orangefarbenen Blüten und im Winter grünem Laub.
Blütezeit: April bis Mai *Höhe:* 15–30 cm *Standort:* halbschattig bis schattig

Feinstrahl-Aster (Erigeron-Speciosus-Hybriden)

Ihren Ursprung hat diese den Astern verwandte Art in Nordamerika. Sie ist als Frühsommerstaude beliebt, weil sie über und über mit Blüten besetzt ist.

So fühlen sie sich wohl: Auf durchlässigen, frischen bis feuchten Böden. Auf schweren Böden tun sich Feinstrahl-Astern schwer.
Das sollten Sie noch wissen: Nach der Blüte das Laub sogleich über dem Boden abschneiden und etwas düngen. Dann blühen die Pflanzen im Frühherbst ein zweites Mal. Lässt die Blühwilligkeit nach, sollten Sie die Pflanzen im Frühjahr mit dem Spaten teilen und die Einzelstücke in einen frisch gelockerten und gedüngten Boden neu einpflanzen. Schöne Sorten sind ›Dunkelste Aller‹ in Blauviolett, ›Rosa Triumph‹ in Rosa, ›Rotes Meer‹ in Karminrot und ›Sommerneuschnee‹ in Weiß. Reizend ist auch das Spanische Gänseblümchen (Erigeron karvinskianus ›Blütenmeer‹), eine anspruchslose Art, die auch in Topfarrangements hübsch aussieht.
Blütezeit: Juni bis Juli und September *Höhe:* 50–70 cm *Standort:* sonnig

Wolfsmilch (Euphorbia-Arten)

Die Stauden aus der Gattung Euphorbia sehen auf den ersten Blick skurril aus. Anstelle prächtiger Blüten imponieren sie die Insekten- und Gärtnerwelt mit gefärbten Hochblättern. Die winzig grünen Blüten sitzen bloß in deren Zentrum.

So fühlen sie sich wohl: Die meisten Wolfsmilchgewächse kommen aus dem Mittelmeerraum. Sie brauchen eher trockene, durchlässige Böden.
Das sollten Sie noch wissen: Die Pflanzen führen einen weißen Milchsaft, der nicht auf die Haut und in die Augen gelangen sollte. Also Handschuhe anziehen, wenn Sie mit den Pflanzen arbeiten. Schöne Arten aus dem Mittelmeerraum sind: die imposante Mittelmeer-Wolfsmilch (Euphorbia characias ssp. wulfenii), die etwas Winterschutz braucht; Gold-Wolfsmilch (Euphorbia polychroma) mit leuchtend gelben Hochblättern; die Steppen-Wolfsmich (Euphorbia seguieriana) mit schönem halbkugelförmigem Wuchs und schwefelgelben Hochblättern.
Blütezeit: April bis Juli *Höhe:* 40–80 cm *Standort:* sonnig

Prachtkerze (Gaura lindheimeri)

Der Name ihrer besten Sorte ›Whirling Butterflies‹ sagt eigentlich schon alles über die Prachtkerze. Wie kleine Schmetterlinge schweben die zarten Blüten an langen Stielen über dem Boden – und das den ganzen Sommer über.

So fühlen sie sich wohl: Die einstige Steppenpflanze liebt durchlässige, warme Böden und verträgt Trockenheit. Auch auf nährstoffreicheren Gartenböden macht sie noch eine gute Figur. Einzig Winternässe ist nicht nach ihrem Geschmack.
Das sollten Sie noch wissen: Kaum eine Staude ist so vielseitig zu verwenden. Weil sie so ausdauernd blüht, eignet sie sich nicht nur für Beete, sondern auch für lockere Bepflanzungen im Topf und Balkonkosten. Neben der schon oben genannten, weiß blühenden Sorte ›Whirling Butterflies‹ ist auch die rosarote ›Siskiyou Pink‹ zu empfehlen. Sie ist allerdings relativ frostempfindlich. Man sollte sie daher über Winter mit Tannenreisern abdecken.
Blütezeit: Juli bis September *Höhe:* 60–80 cm *Standort:* sonnig

Storchschnabel (Geranium-Arten)

Für Menschen, die mit dem Gärtnern anfangen, ist Storchschnabel einfach unverzichtbar. Neben entzückenden Blüten hat er auch hübsches Laub zu bieten und er ist guten Willens, den einen oder anderen Fehler schnell zu verzeihen.

So fühlen sie sich wohl: Die Pflanzen stellen keine großen Ansprüche. Sie sind mit mäßig feuchten und nährstoffreichen Böden zufrieden und halten auch einmal etwas Trockenheit aus. Staunässe mögen sie allerdings nicht.
Das sollten Sie noch wissen: Unter den vielen Sorten haben sich in den letzten Jahren vor allem ›Jolly Bee‹ und ›Rozannne‹ zu Stars entwickelt. Beide treiben den ganzen Sommer über blauviolette Blüten. Reizvolle Blüten, einen schönen buschigen Wuchs und hübsches Laub zeigen auch die Sorten ›Sirak‹, ›Tiny Monster‹, ›Rosemoor‹, ›Brookside‹, ›Terre Franche‹ und der Sibirische Storchschnabel (Geranium wlassovianum).
Blütezeit: Mai bis Sept. *Höhe:* 25–70 cm *Standort:* sonnig bis halbschattig

Schleierkraut (Gypsophila paniculata)

Im Beet erscheint das Schleierkraut wie eine Blütenwolke, was einer Pflanzung Leichtigkeit und Transparenz verleiht. Das sieht zu Strauchrosen schön aus und zu filigranen Gräsern, etwa dem Federgras (Stipa tenuissima).

So fühlen sie sich wohl: Die Steppen ihrer Heimat in Südeuropa und Zentralasien bieten dem Schleierkraut durchlässige, trockene bis frische Böden. Nässe wird nicht vertragen. Gerade im Winter würden die Wurzeln dann verfaulen.
Das sollten Sie noch wissen: Tief greifende Pfahlwurzeln versorgen das Schleierkraut mit ausreichend Feuchtigkeit. Alte Exemplare lassen sich daher auch nicht mehr verpflanzen. Empfehlenswert sind die weiß gefüllt blühenden Sorten ›Bristol Fairy‹ und ›Schneeflocke‹, die rosa gefüllte ›Flamingo‹ sowie die alte zartrosa gefüllte Sorte ›Rosenschleier‹, die nur etwa 40 cm hoch wird.
Blütezeit: Juni bis August *Höhe:* 80–100 cm *Standort:* sonnig

Sonnenbraut (Helenium-Hybriden)

Wer mit dem Hochsommer eine Farbpalette satter Gelb-, Orange- und Rottöne verbindet, der muss den Sortenreichtum der Sonnenbraut kennenlernen. Zu der ursprünglich aus Nordamerika stammenden Staude passen sehr schön Gräser.

So fühlen sie sich wohl: Frische bis feuchte Böden, die gut mit Nährstoffen versorgt sind, wären ideal. Trockenheit sowie schwere Lehmböden werden dagegen nicht gut vertragen. In Dürrezeiten unbedingt rechtzeitig wässern.
Das sollten Sie noch wissen: Die Blütezeit lässt sich verlängern, wenn Verblühtes sogleich abgeschnitten wird. Die schönsten Sorten: ›Baudirektor Linne‹ und ›Indian Summer‹ blühen rotbraun, ›Rauchtopas‹ bernsteingelb, ›Rubinzwerg‹ rubinrot und ›Wonadonga‹ orangebraun. Zwei Farben zeigen ›Flammenrad‹ (Gelb mit Orange) und ›Biedermeier‹ (innen Rot, außen Gelb).
Blütezeit: Juli bis September *Höhe:* 70–100 cm *Standort:* sonnig

CHRISTROSEN UND LENZROSE (HELLEBORUS-ARTEN)
Sie brauchen zwar einige Jahre, um sich richtig zu entfalten, doch dann kann es kaum ein zweites Frühlingsgewächs mit den Christrosen aufnehmen. Denn ihre prachtvollen Hochblätter sehen häufig aus wie mit feinem Pinsel hingetuscht.

So fühlen sie sich wohl: Ideal sind kühle Orte mit frischen, humosen und eher etwas kalkhaltigen Böden. Sind sie einmal gepflanzt, sollte man ihnen Zeit geben, richtig einzuwachsen. Dann werden sie Jahr für Jahr schöner.
Das sollten Sie noch wissen: Verteilen Sie jedes Jahr etwas Buchenlaub und Kompost um die Pflanzen herum, das tut ihrer Entwicklung gut. Zuerst blühen die Christrosen (Helleborus niger), die Sorte ›Praecox‹ manchmal schon zu Weihnachten. Ab März folgen die Lenzrosen (Helleborus orientalis) mit ihren farbigen Hochblättern in diversen Purpur-, Rosa-, Grün- und Weißtönen.
Blütezeit: Februar bis April *Höhe:* 20–40 cm *Standort:* halbschattig

TAGLILIE (HEMEROCALLIS-HYBRIDEN)
Bereits vor rund 500 Jahren wurden die Stammmütter der Taglilien aus Ostasien nach Europa verfrachtet. Aus diesen rostrot und hellgelb blühenden Urformen sind mittlerweile Tausende farbenprächtiger Sorten entstanden.

So fühlen sie sich wohl: Optimal sind frische, nährstoffreiche Lehmböden. Doch auch Trockenheit wird von den Pflanzen noch relativ gut vertragen.
Das sollten Sie noch wissen: Im März treibt aus den Wurzelstöcken schon das schmale, grasartige Laub. Es verleiht den Pflanzen eine frühlingsfrische Note. Ab Mai erscheinen die ersten sternförmigen Blüten, die jeweils nur einen Tag lang halten – daher der Name. Wochenlang werden immer neue Blütenknospen gebildet. Das Sortenspektrum ist riesig. Es reicht von allen Rosa-, Gelb- und Orangeschattierungen bis zu dunklen, fast schwarzen Rottönen.
Blütezeit: Mai bis August *Höhe:* 60–110 cm *Standort:* sonnig bis halbschattig

PURPURGLÖCKCHEN (HEUCHERA-HYBRIDEN)
Die Blüten dieser Pflanzen sind eher zweitrangig. Die Laubfarbe steht im Mittelpunkt des Interesses. Da hat das Purpurglöckchen ein weites Farbspektrum zu bieten, was es zu einer der wichtigsten Blattschmuckstauden gemacht hat.

So fühlen sie sich wohl: Die Pflanzen sind anspruchslos. Sie vertragen frische bis feuchte, aber auch relativ trockene Standorte. Allein zu viel Nässe ist ungünstig.
Das sollten Sie noch wissen: Das Laub der meisten Sorten bleibt über Winter grün. Ist der Boden tagelang gefroren, besteht die Gefahr des Vertrocknens, denn die Blätter verdunsten weiterhin Feuchtigkeit, die die Wurzeln nicht nachliefern können. Dann müssen die Pflanzen mit einem Vlies oder mit Reisern abgedeckt werden. Sorten mit rotem Laub verlieren im Schatten an Farbintensität. Purpurglöckchen sehen auch in Kästen und Kübeln schön aus.
Blütezeit: Juni bis August *Höhe:* 20–50 cm *Standort:* sonnig bis halbschattig

Funkie (Hosta-Arten)

Funkien sind die Stars unter den Blattschmuckstauden. Viele Schattenpartien würden ohne sie einfach langweilig aussehen. Besonders reizvoll sind ebenfalls Sammlungen, in denen verschiedene Arten in Töpfen präsentiert werden.

So fühlen sie sich wohl: Es handelt sich um typische Schattenpflanzen, die es feucht und kühl lieben. Der Boden darf gern humushaltig sein.
Das sollten Sie noch wissen: Auf Schnecken achten. Sie sind ganz wild auf einige Hosta-Arten. Die Pflanzen lassen sich leicht mit einem Spaten teilen, wenn man Stücke von ihnen für einen zweiten Topf oder zum Verschenken haben möchte. Der beste Zeitpunkt dafür ist das Frühjahr. Das Arten- und Sortenspektrum ist riesig. Es reicht von Miniaturformen wie Hosta venusta mit herzförmigen Blättern, die nur etwa 10 cm hoch werden, bis zu Megapflanzen wie der Graublatt-Funkie (Hosta nigrescens ›Krossa Regal‹), die 120 cm erreicht
Blütezeit: Juni bis Aug. *Höhe:* 10–120 cm *Standort:* halbschattig bis schattig

Bart-Iris (Iris-Barbata-Hybriden)

Die Blüten der Bart-Iris schimmern in allen Farben des Regenbogens. Außerhalb der Blütezeit setzen ihre schwertförmigen, wintergrünen Blätter schöne Akzente. Sie betonen die vertikalen Linien innerhalb einer Pflanzung.

So fühlen sie sich wohl: Trockene und kalkhaltige Standorte werden vertragen. Der Boden sollte durchlässig und eher humusarm sein.
Das sollten Sie noch wissen: Die Bart-Iris ist eine Charakterpflanze der toskanischen Landschaft. Sie passt also gut zu mediterranen Pflanzungen mit Lavendel und anderen graulaubigen Stauden. Ihre Wurzelstöcke dürfen nur waagerecht gepflanzt und nur wenig mit Erde bedeckt werden. Das große Sortiment wird in drei Gruppen unterteilt: die Niedrige Bart-Iris (Iris-Barbata-Nana) wird bis 30 cm hoch und blüht ab Ende April. Die Mittelhohe Bart-Iris (Iris-Barbata-Media) blüht ab Anfang Mai und erreicht Höhen von bis zu 70 cm. Alle noch höheren Sorten zählen zur Hohen Bart-Iris (Iris-Barbata-Elatior), die ab Ende Mai blüht.
Blütezeit: April bis Juni *Höhe:* 10–120 cm *Standort:* sonnig

Lavendel (Lavandula angustifolia)

Wie kaum eine andere Pflanze steht Lavendel für die Leichtigkeit des mediterranen Lebensgefühls. Schon die Berührung des Laubs an heißen Sommertagen setzt die ätherischen Öle frei und verbreitet den Duft der Provence.

So fühlen sie sich wohl: Pflanzen des Mittelmeerraums bevorzugen trockene, durchlässige Böden, die etwas Kalk enthalten dürfen. Staunässe insbesondere über Winter vertragen die Pflanzen nicht. Daher sind schwere Böden problematisch. Sie sollten mit Sand und Kies lockerer gemacht werden.
Das sollten Sie noch wissen: Im engeren Sinn ist Lavendel keine Staude, sondern ein Halbstrauch. Die Pflanzen dürfen daher bis über den Boden zurückgeschnitten werden. Man kürzt sie im Frühjahr um etwa ein Drittel ein, damit sie kompakt bleiben. Einige der besten Sorten sind ›Hidcote Blue‹, ›Munstead‹ und ›Siesta‹. Die graulaubige Art Lavenduala x intermedia blüht etwas später und ist frostempfindlicher, empfehlenswert: die Sorte ›Grosso‹. Der Schopf-Lavendel (Lavandula stoechas) ist in der Regel nicht winterhart.
Blütezeit: Juli bis August *Höhe:* 20–70 cm *Standort:* sonnig

Garten-Margerite (Leucanthemum maximum)

Die schöne alte Bauerngartenpflanze hat ihren Ursprung auf den Bergwiesen der Pyrenäen. Sie ist eng mit der bei uns heimischen Wiesen-Margerite (Leucanthemum vulgare) verwandt. Beide Arten machen sich gut in der Vase.

So fühlen sie sich wohl: Die Pflanzen sind insgesamt anspruchslos. Sie reagieren nur empfindlich auf zu viel Nässe und auf reine Sandböden.
Das sollten Sie noch wissen: Ein Rückschnitt unmittelbar nach der ersten Blüte lässt neue Blütenknospen sprießen. Damit die Pflanzen vital bleiben, sollte man sie etwa alle vier Jahre ausgraben, mit einem Spaten teilen und neu einpflanzen. Neben vielen eher hohen Sorten wird ›Silberprinzesschen‹ nur 30 cm hoch.
Blütezeit: Juli bis September *Höhe:* 30–80 cm *Standort:* sonnig

Blut-Weiderich (Lythrum salicaria)

Sein eigentliches Revier hat der Blut-Weiderich an Teichen. Doch auch im Beet erregen die intensiv rot gefärbten Blütenkerzen große Aufmerksamkeit, sodass sich seine hübschen Sorten im Hochsommer sogar neben Strauchrosen behaupten.

So fühlen sie sich wohl: Der Boden darf nass sein, muss es aber nicht. Die Pflanzen kommen auch auf mäßig feuchten, nährstoffreichen Standorten noch gut zurecht, bleiben dann allerdings etwas niedriger.
Das sollten Sie noch wissen: Schneidet man die verblühten Ähren nicht ab, breitet sich die Pflanze durch Samen im Beet aus. Neben der Wildart gibt es reizvolle Sorten, etwa ›Stichflamme‹ mit purpurroten Blüten, ›Rose Queen‹ mit rosaroten Blüten und die dunkelrosa blühende, locker verzweigte Sorte ›Swirl‹.
Blütezeit: Juli bis Sept. *Höhe:* 80–140 cm *Standort:* sonnig bis halbschattig

Chinaschilf (Miscanthus sinensis)

Chinaschilf sorgt für weiche fließende Formen in der Bepflanzung. Seine imposanten Büschel mit den hübschen Ähren prägen den Charakter der Beete. Es bestimmt damit einen Trend, der auf Gräser und natürlich anmutende Stauden setzt.

So fühlen sie sich wohl: Ideal sind frische bis feuchte, nährstoffreiche Böden.
Das sollten Sie noch wissen: Chinaschilf ist die Leitpflanze unter den Gräsern. Mehrere Exemplare davon können wie geformte Buchsbäume die Beete gliedern. Einige der schönsten Sorten: ›Adagio‹, das nur einen Meter hoch wird; ›Flamingo‹ mit silbrig-rosa getönten Blüten; ›Gracillimus‹, von straffem Wuchs, mit schmalen Blättern und meist ohne Blüten; ›Kleine Fontäne‹, das schon ab Juli blüht; ›Malepartus‹ mit silbrig-roter Blüte und im Herbst flammend rotbraunem Laub; ›Silberfeder‹ mit silbriger Blüte.
Blütezeit: Juli bis Oktober *Höhe:* 100–200 cm *Standort:* sonnig

Indianernessel (Monarda-Hybriden)

Die Eltern dieser Art stammen natürlich von den nordamerikanischen Prärien. Indianernesseln beeindrucken im Hochsommer durch ihre hübschen Blütenschöpfe. Zugleich lässt sich aus den Blättern einiger Sorten Tee zubereiten.

So fühlen sie sich wohl: Die Böden sollten frisch und nährstoffreich sein. Trockenperioden machen die Pflanzen krankheitsanfällig, schwere Böden kurzlebig.
Das sollten Sie noch wissen: Auf trockenen Böden und in Trockenzeiten werden die Pflanzen leicht von Mehltau befallen. Um den Befallsdruck mit diesem Pilz zu minimieren, sollten Sie die Pflanzen nach der Blüte zurückschneiden. Schöne Sorten sind die dunkelviolette ›Blaustrumpf‹, die purpurrote ›Gewitterwolke‹ und ›Marshall's Delight‹ mit leuchtend rosa Blüten. Zur Teebereitung eignet sich die scharlachrot blühende Monarda didyma ›Squaw‹.
Blütezeit: Juli bis September *Höhe:* 70–130 cm *Standort:* sonnig

Katzenminze (Nepeta x faassenii)

Seit aus England tolle neue Sorten gekommen sind, erlebt die Katzenminze in den Gärten einen ungeahnten Aufschwung. Kein Wunder: Kaum eine Staude ist so pflegeleicht und blüht so ausdauernd wie dieses aromatisch duftende Gewächs.

So fühlen sie sich wohl: Die Pflanzen behaupten sich gut an trockenen, kargen Standorten. Problematisch sind eher nasse und schwere Böden.
Das sollten Sie noch wissen: Am besten stutzt man die Pflanzen nach der ersten Hauptblüte um die Hälfte zurück. Dann treibt sie wieder durch und blüht erneut. Zu den besten Sorten zählen immer noch ›Walkers Low‹ und ›Six Hills Giant‹ mit etwas größeren Blüten. Neu sind kleinwüchsige Sorten, die sich auch gut für Balkonkästen eignen, wie ›Grog‹ und ›Odeur Citron‹.
Blütezeit: Juli bis September *Höhe:* 70–100 cm *Standort:* sonnig

Pfingstrose (Paeonia-Hybriden)

Paeonien zählen zu den edelsten Blütenstauden. Ihre opulenten Blüten verleihen ihnen ein barockes Flair. Sind sie allerdings verblüht, »schmeißen sie ihre Unterröcke mit einem Plumps hin«, schreibt die Britin Vita Sackville-West.

So fühlen sie sich wohl: Die Edelstaude ist natürlich anspruchsvoll: So sollte der Boden tiefgründig, locker, nährstoffreich und frisch sein.
Das sollten Sie noch wissen: Die Pflanzen können viele Jahre am selben Platz stehen, dürfen dort jedoch nicht von Nachbarpflanzen bedrängt werden. Nicht mulchen, da dies zu Stängelfäule führen kann. Die beste Pflanzzeit für Pfingstrosen ist der Frühherbst. Die Wurzelknolle darf höchstens drei Zentimeter mit Erde bedeckt werden, sonst blühen die Pflanzen nur unzureichend. Es gibt zwei Arten: die Edel-Pfingstrosen (Paeonia lactiflora) mit vielen Sorten und die Bauern-Pfingstrosen (Paeonia officinalis), die zwei Wochen eher blühen und nicht so sortenreich sind.
Blütezeit: Mai bis Juni *Höhe:* 70–100 cm *Standort:* sonnig

Rutenhirse (Panicum virgatum)

Die Rutenhirse stammt aus den Hochgrasprärien Nordamerikas. Sie bildet zarte lockere Blütenstände, die sich im Wind wie Schleier hin und her bewegen.

So fühlen sie sich wohl: Die Pflanzen brauchen einen warmen, mäßig trockenen bis frischen Boden.
Das sollten Sie noch wissen: Das Gras erst im Frühjahr eine Handbreit über dem Boden zurückschneiden. Schöne Sorten: ›Hänse Herms‹ beginnt sich bereits im Spätsommer rot zu verfärben; ›Heavy Metal‹ hat blaugrünes Laub, das leicht metallisch schimmert; ›Shenandoah‹ mit zunächst bordeauxroten Spitzen färbt sich später ganz in dieser Farbe ein; ›Strictum‹ ist relativ hoch und buschig mit rotbraunen Blüten.
Blütezeit: Juli bis Oktober *Höhe:* 80–150 cm *Standort:* sonnig

Türkischer Mohn (Papaver orientale)

Der Mohn balanciert seine Blüte wie einen extravaganten Sonnenhut. Nach rund zwei Wochen ist die ganze Pracht jedoch leider schon vorbei. Die Blätter sterben ab und hinterlassen bis zum Herbst eine Leerstelle im Beet.

So fühlen sie sich wohl: Die Pflanzen gedeihen auch noch auf trockenen, nicht so nährstoffreichen Böden. Ihre Pfahlwurzeln dringen tief ins Erdreich, das daher locker sein sollte. Nässe führt zum Verfaulen der Wurzeln.
Das sollten Sie noch wissen: Einige Sorten des Türkischen Mohn vermehren sich in den Beeten durch Samen. Die Sämlinge sogleich entfernen, da sie rasch lange Wurzeln bilden. Besser ist es noch, die Pflanzen nach der Blüte zurückzuschneiden. Schöne Sorten sind ›Catharina‹ in kräftigem Lachsrosa, ›Black & White‹ mit weißer Blüte und schwarzvioletter Mitte und ›Patty's Plum‹ in Auberginerot.
Blütezeit: Mai bis Juni *Höhe:* 50–100 cm *Standort:* sonnig

Lampenputzergras (Pennisetum alopecuroides)

Die walzenförmigen Blütenstände mit den feinen hellen Wimpern sind das Markenzeichen des Lampenputzergrases. Sie sehen über den schlanken grünen Halmen aus wie eine Herde weidender Schafe – der Vergleich drängt sich auf, denn wild wächst das Gras auf australischen Wiesen.

So fühlen sie sich wohl: Der Standort sollte nicht verdichtet und sehr trocken sein. Optimal sind mäßig trockene bis feuchte Böden.
Das sollten Sie noch wissen: Das Gras erst im Frühjahr eine Handbreit über dem Boden zurückschneiden. Empfehlenswerte Sorten: ›Compressum‹ ist eine hohe robuste Sorte; ›Hameln‹ blüht besonders reich; ›Herbstzauber‹ bildet lockere Blütenwalzen aus.
Blütezeit: August bis Oktober *Höhe:* 40–100 cm *Standort:* sonnig

Sommer-Phlox (Phlox-Paniculata-Hybriden)

Mit seinen großen Blütentrauben in Pastelltönen zählt der Sommer-Phlox seit Langem schon zu den schönsten Blütenstauden. Mit ihm verbinden sich nostalgische Gefühle: Sicher kennt man ihn schon aus Großmutters Garten.

So fühlen sie sich wohl: Frische bis feuchte, nährstoffreiche Böden sind nötig, damit die Pflanzen vital bleiben. Unter Trockenstress werden sie leicht krank.
Das sollten Sie noch wissen: An heißen Tagen sollten sie den Phlox wässern. Nach der Blüte müssen die Pflanzen zurückgeschnitten werden, sonst breiten sie sich über Sämlinge aus, die mit den Mutterpflanzen nicht mehr identisch sind. Schöne alte Sorten sind ›Dorffreude‹ in Dunkelrosa mit rotem Auge, ›Kirmesländler‹ in Weiß mit rotem Auge und ›Landhochzeit‹ in Hellrosa mit rotem Auge. Eine sehr robuste, nicht so anspruchsvolle Art ist Phlox amplifolia mit den Sorten ›Minnehaha‹ in Rotviolett und ›Winnetou‹ in Violettrosa.
Blütezeit: Juli bis September *Höhe:* 70–100 cm *Standort:* sonnig

Sonnenhut (Rudbeckia-Arten)

Diese ehemalige Wildpflanze der nordamerikanischen Prärien sieht am schönsten aus, wenn sie größere Fläche in das Gelb ihrer Blüten taucht. Um den naturhaften Charakter zu betonen, werden nur einige Gräser, etwa Rutenhirse, dazugesellt.

So fühlen sie sich wohl: Durch die regelmäßigen Feuer waren die Prärien reich an Nährstoffen. Daher braucht auch der Sonnenhut nährstoffreiche, frische, am besten lehmige, also nicht zu leichte Böden.
Das sollten Sie noch wissen: In Trockenzeiten wässern, da die Pflanzen empfindlich gegen Trockenheit und Hitze sind. Schneiden Sie regelmäßig Verblühtes heraus, dann verlängert sich die Blütezeit. Neben der bekannten Rudbeckia fulgida var. sullivantii ›Goldsturm‹ gibt es Rudbeckia laciniata ›Goldquelle‹ mit gefüllten Blüten und die hohe Rudbeckia nitida ›Herbstsonne‹, deren Blüten eine grüne Mitte haben.
Blütezeit: Juli bis September *Höhe:* 60–200 cm *Standort:* sonnig

Sommer-Salbei (Salvia nemorosa)

Die mitteleuropäische Wildpflanze kommt in der Natur in Trockenrasen und auf Steppenheiden vor. Erst im letzten halben Jahrhundert haben deutschen Züchter daraus hübsche, pflegeleichte Gartenpflanzen kreiert.

So fühlen sie sich wohl: Ideal sind leichte, mäßig nährstoffreiche Böden. In schweren Böden ist die Staude kurzlebig und nicht sehr standfest.
Das sollten Sie noch wissen: Ehe die Pflanzen ganz verblüht sind, sollten Sie sie knapp über dem Boden kappen und etwas düngen. Dann treiben sie noch einmal durch und blühen ein zweites Mal im Spätsommer. Neben der bekannten violettblau blühenden Sorte ›Ostfriesland‹ ist ›Caradonna‹ eine reizvolle Neuheit mit dunklen Blütenstielen und dunkelvioletten Blüten. ›Schneehügel‹ blüht weiß.
Blütezeit: Juni und September *Höhe:* 40–60 cm *Standort:* sonnig

HEILIGENBLUME (SANTOLINA-ARTEN)

Der würzig duftende Halbstrauch gedeiht an den unwirtlichsten Stellen rund um das Mittelmeer: an kargen Südhängen und zwischen Felsspalten. In die Gärten unserer Breiten trägt er ein Stück dieser mediterranen Landschaft.

So fühlen sie sich wohl: Sie mag es heiß und trocken, kommt mit wenig Nährstoffen aus und braucht durchlässige Böden. Nur Nässe macht ihr den Garaus.

Das sollten Sie noch wissen: Nach der Blüte sollten die Pflanzen um zwei Drittel zurückgeschnitten werden, sonst fallen die Halbsträucher nach einigen Jahren auseinander. Die Pflanzen sind nur bedingt frostbeständig. Vor allem ein durchlässiger Boden mit Sand und Kies im Untergrund erhöht ihre Winterhärte. Ein Abdecken mit Vlies und Reisern ist auch hilfreich. Neben der verbreiteten graulaubigen Art Santolina chamaecyparissus gibt es noch die Art Santolina rosmarinifolia mit graugrünem Laub und die kompakte Sorte ›Primrose Gem‹.

Blütezeit: Juli bis August *Höhe:* 30–50 cm *Standort:* sonnig

HOHE FETTHENNE (SEDUM-HYBRIDEN)

Fetthennen können wie Kakteen Wasser speichern. Dank ihrer fleischigen Blätter behaupten sie sich von Natur aus an kargen Standorten, die für andere Gewächse unzugänglich sind. Durch gärtnerische Züchtung sind jedoch aus den ehemaligen Hungerhaken pralle Herbstbeautys geworden.

So fühlen sie sich wohl: Die Pflanzen sind zwar anspruchslos. Sie brauchen wenig Wasser und durchlässige Böden. Die gezüchteten Sorten kommen jedoch nicht ohne Nährstoffe aus und verschmähen auch einen guten Gartenboden nicht, sofern dieser nicht übermäßig nass ist.

Das sollten Sie noch wissen: Die Hohen Fetthennen bringen durch ihre straffe Gestalt klare Strukturen in die Beete. Ihre Blütenstände überraschen zu einer eher blütenarmen Zeit mit warmen Rottönen, was sie besonders hervorhebt. Selbst vertrocknet sehen sie noch hübsch aus, zumal wenn Raureif sie überzieht. Eine der schönsten und besten Sorten ist nach wie vor ›Herbstfreude‹.

Blütezeit: August bis September *Höhe:* 50–70 cm *Standort:* sonnig

GOLDRUTE (SOLIDAGO-ARTEN)

Eine robuste, anspruchslose Staude, die sich noch den Charakter einer Wildpflanze erhalten hat. Zusammen mit Gräsern und Hoher Fetthenne weckt sie das Bild einer hochsommerlichen Wiese in Gelb und rostroten Tönen.

So fühlen sie sich wohl: Der Boden sollte frisch bis feucht und mäßig nährstoffreich sein. Bei zu trockenem Stand ist die Goldrute mehltauanfällig.

Das sollten Sie noch wissen: Die Naturformen der Goldrute stammen aus Nordamerika, etwa Solidago canadensis und Solidago gigantea. Beide Arten sind mittlerweile bei uns verwildert. Sie besiedeln Brachflächen an Wegen, auf Eisenbahngeländen und in Flussniederungen. Die Arten und Sorten für den Garten sind dagegen zahm und wuchern nicht. Zu empfehlen sind Solidago caesia und die Solidago-Hybriden ›Ledsham‹, ›Strahlenkrone‹ und ›Fireworks‹.

Blütezeit: August bis Oktober *Höhe:* 40–80 cm *Standort:* sonnig

FEDERGRAS (STIPA-ARTEN)

Federgräser bilden flauschige hohe Büschel. Ihre langen und zarten Ähren lassen sie filigran erscheinen – ideal für feinsinnige Gestaltungen, in denen sie sich etwa mit den Blüten von Wildastern und Stauden-Lein verweben.

So fühlen sie sich wohl: Trockene bis mäßig trockene, durchlässige Böden sind ideal. Sie sollten weder nass noch nährstoffreich sein.
Das sollten Sie noch wissen: Reiher-Federgras (Stipa barbata) hat lange Grannen; Silber-Ährengras (Stipa calamagrostis ›Algäu‹) bildet bogenförmig überhängende Blütenhalme; Flausch-Federgras (Stipa pennata) und Zartes Federgras (Stipa tenuissima) haben sehr feine Blütenstände. Letzteres verbreitet sich stark durch Samen. Wer das verhindern will, sollte die Fruchtstände rechtzeitig kappen.
Blütezeit: Juli bis August *Höhe:* 30–80 cm *Standort:* sonnig

TROLLBLUME (TROLLIUS-ARTEN)

In der Natur findet man die Trollblume (Trollius europaeus) in unseren Breiten auf Feuchtwiesen. Diese wurde mit asiatischen Arten gekreuzt, und herausgekommen ist ein Frühsommerblüher mit kugelförmigen, leuchtend gelben Blüten.

So fühlen sie sich wohl: Ideal sind frische Böden, die gut mit Nährstoffen versorgt sind und gern auch nass sein dürfen.
Das sollten Sie noch wissen: Werden die Pflanzen nach der Blüte knapp über dem Boden zurückgeschnitten, etwas gedüngt und gut gewässert, blühen sie im September ein zweites Mal. Schöne Sorten sind ›Golden Queen‹, ›Earlies of All‹, die schon Ende April die ersten Blüten zeigt, und ›Orange Globe‹ mit orangegelben Blüten. Alle Sorten sind auch gute Schnittblumen für die Vase.
Blütezeit: April bis Juni *Höhe:* 40–70 cm *Standort:* überwiegend sonnig

EHRENPREIS (VERONICA LONGIFOLIA)

Das Besondere dieser Gattung sind die langen, schlanken Blütentrauben, die immer himmelwärts streben. Am imposantesten zeigt das der Wiesen-Ehrenpreis, eine Art, die auch schön zwischen Strauchrosen aussieht.

So fühlen sie sich wohl: Optimal sind kräftige Lehmböden, die frisch bis feucht und nährstoffreich sind. Zeitweise wird jedoch auch Trockenheit vertragen.
Das sollten Sie noch wissen: Zu den schöne Sorten zählen ›Blauriesin‹ mit blauen Blüten, ›Pink Damask‹ mit rosa Blüten und ›Schneeriesin‹ mit weißen Blüten. Noch stattlicher als der Wiesen-Ehrenpreis ist der Riesen-Ehrenpreis (Veronicastrum virginicum) mit ähnlichen Standortansprüchen. Kleinere Ehrenpreis-Arten hingegen wie der Silbergrauer Ehrenpreis (Veronica spicata) und der Büschel-Ehrenpreis (Veronica teucrium) gedeihen auf eher trockenen, durchlässigen Böden.
Blütezeit: Juli bis September *Höhe:* 50–100 cm *Standort:* sonnig

Zwiebelblumen

Zwiebel- und Knollenpflanzen gehören ebenfalls zu den Stauden. Die Natur hat ihnen jedoch ein dickes Polster mitgegeben: fleischige Schalen und verdickte Wurzelknollen, prall gefüllt mit Proteinen, Eiweiß und Zucker. Damit harren sie im Boden aus (daher heißen sie auch Geophyten = Erdpflanzen) und warten auf günstige Wachstumsbedingungen. Frühjahrsblühende Blumenzwiebeln brauchen eine Zeit lang tiefe Temperaturen (unter 10° C), damit sie nach dem Austreiben auch wirklich blühen.

ZIERLAUCH (ALLIUM-ARTEN)

Die purpurfarbenen Blütenbälle des Zierlauchs übernehmen ab Mitte Mai die Regie auf den Beeten. Sie thronen auf schlanken Stielen und räumen erst für die Rosen das Feld. Zurück bleiben trockene, bizarr-schöne Samenstände.

So fühlen sie sich wohl: Die meisten Arten lieben durchlässige, mäßig trockene bis frische Böden. Auf schweren, feuchten Standorten ist Zierlauch kurzlebig.
Das sollten Sie noch wissen: Die Pflanzzeit ist September bis Ende November. Die schönsten Arten und Sorten: Allium atropurpureum mit weinroten Blüten, Allium ›Purple Sensation‹ mit pupur-violetten Blüten, Sternkugel-Lauch (Allium christophii), Allium ›Globemaster‹ mit großen violetten Blüten, die gut vier Wochen lang blühen, Allium ›Mount Everest‹ mit weißen Blütenbällen, Allium ›Ambassador‹ mit großen violetten Bällen, die erst ab Mitte Juni blühen, und der noch später blühende Kugel-Lauch (Allium sphaerocaphalon).
Blütezeit: Mai bis Juli *Höhe:* 50–120 cm *Standort:* sonnig

BALKAN-ANEMONE (ANEMONE BLANDA)

Die Balkan-Anemone ist dem bei uns heimischen Buschwindröschen (Anemone nemorosa) nahe verwandt. In der Natur überzieht es im Frühjahr den Boden unter Gehölzen und auf Geröllflächen mit blauen Blütenteppichen.

So fühlen sie sich wohl: Humose, mäßig trockene bis frische Böden sind ideal.
Das sollten Sie noch wissen: Die Pflanzzeit ist September bis Ende November. Die schönsten Sorten sind ›Blue Shades‹ mit blauen und ›White Splendour‹ mit weißen Blüten. Die Pflanzen vermehren sich im Boden durch Brutknollen. Alle Teile der Balkan-Anemone sind schwach giftig.
Blütezeit: März bis Mai *Höhe:* 20–25 cm *Standort:* halbschattig

Zwiebelblumen | 153

Knollenbegonie
(Begonia-Knollenbegonien-Hybriden)
Sie finden noch zu wenig Beachtung. Doch die aus den Anden Perus eingeführten Knollenbegonien entwickeln sich mit ihren reizvollen Blättern vor allem in Töpfen zu eindruckvollen Pflanzen, die im Schatten für hübsche Akzente sorgen.

So fühlen sie sich wohl: An ihrem Naturstandort gedeihen sie im lichten Schatten von Bäumen. Daher brauchen sie humose, frische Böden und regelmäßig Wasser.
Das sollten Sie noch wissen: Pflanzzeit ist ab März. Setzen Sie drei bis fünf Knollen einer Farbe zusammen in einen großen Topf. Nur so entfalten die Pflanzen ihre eindrucksvolle Wirkung. Solo sehen sie leicht etwas spießig aus. Nach den Eisheiligen im Mai können sie nach draußen. Vor den ersten Frösten sollte man die Knollen aus dem Topf nehmen, um sie dann trocken und frostfrei zu überwintern. Es gibt auch hängende Formen der Knollenbegonie.
Blütezeit: Juli bis Oktober *Höhe:* 20–40 cm *Standort:* halbschattig

Schneestolz, Schneeglanz (Chionodoxa forbesii)
Durch Samen und kleine Tochterzwiebeln kann sich der Schneestolz innerhalb weniger Jahre zu dichten Beständen im Rasen und in Beeten entwickeln.

So fühlen sie sich wohl: Die Art stammt aus den Bergregionen der Westtürkei. Dort sind die Böden durchlässig und mäßig trocken bis frisch. Der Bedarf an Nährstoffen ist für die Pflanzen nur gering.
Das sollten Sie noch wissen: Die Pflanzzeit ist September bis Ende November. Die Samen werden häufig von Ameisen verbreitet, denen kleine Anhängsel an der Samenschale als Nahrung dienen. Das führt dazu, dass dieser Frühjahrsblüher an unerwarteten Stellen wieder aus der Erde sprießen kann.
Blütezeit: März bis April *Höhe:* 10–15 cm *Standort:* sonnig bis halbschattig

Montbretie (Crocosmia x crocosmiiflora)
Die Eltern der Montbretie stammen aus Südafrika. Schon 1880 wurde die Hybride gezüchtet, die heute in verschiedenen Sorten im Handel ist. Sie beeindrucken durch ihre exotisch aussehenden Blütenkämme in leuchtendem Rot und Orange.

So fühlen sie sich wohl: Der Boden sollte durchlässig und mäßig trocken bis frisch sein. Der Nährstoffbedarf ist mittel.
Das sollten Sie noch wissen: Die Zwiebeln werden wie Dahlienknollen erst ab Ende April in Töpfe oder ins Beet gesetzt. Da sie nur bedingt frosthart sind, sollten sie ab Oktober aus dem Boden genommen und anschließend dunkel und trocken in einem frostfreien Raum gelagert werden. In milden Regionen müssen die Zwiebeln vor dem Winter nur mit einer dicken Laubschicht abdeckt werden.
Blütezeit: Juli bis August *Höhe:* 60–80 cm *Standort:* sonnig

Krokus (Crocus-Arten)

Eines ist klar: Krokusse wirken nur in der Masse. Es sollten nicht 5, sondern mindestens 50 auf einem Fleck wachsen. Dann ist es egal, ob sie in einem natürlichen Durcheinander oder in Reih und Glied angeordnet sind.

So fühlen sie sich wohl: Ideal sind mäßig trockene bis frische, durchlässige Böden. Die meisten Arten bevorzugen Sonne und vertragen höchstens leichten Schatten. Nur der Elfen-Krokus kommt noch gut unter Bäumen zurecht.

Das sollten Sie noch wissen: Die Pflanzzeit ist September bis Ende November. Neben den großblütigen Holländischen Krokussen gibt es einige schöne Wildarten. Vom Kleinen Krokus (Crocus chrysanthus) sind viele schöne Sorten entstanden wie die weiße ›Snow Bunting‹ und die blaue ›Prins Claus‹. Zu empfehlen ist vor allem der Elfen-Krokus (Crocus tommasinianus), der sich durch Selbstaussaat stark vermehrt (das gilt nicht für seine schöne Sorte ›Ruby Giant‹).

Blütezeit: Feb. bis April *Höhe:* 5-15 cm *Standort:* sonnig bis leicht schattig

Alpenveilchen (Cyclamen-Arten)

Neben der bekannten Zimmerpflanze gibt es auch Alpenveilchen für den Garten, und zwar das Frühlings-Alpenveilchen und das im Herbst blühende Efeublättrige Alpenveilchen. Sie besitzen entzückende Blüten und hübsche Laubzeichnungen.

So fühlen sie sich wohl: Beide Arten lieben durchlässige, humose Böden, die mäßig trocken bis frisch sein sollten.

Das sollten Sie noch wissen: Pflanzzeit ist September bis Ende November. Beim Frühlings-Alpenveilchen (Cyclamen coum) die Knollen mit der Wurzel nach unten etwa 5 cm tief pflanzen. Das Efeublättrige Alpenveilchen (Cyclamen hederifolium) etwa 10 cm tief pflanzen. Dabei sollen die Wurzeln nach oben zeigen. Ein leichter Winterschutz mit Laub ist für beide Arten ratsam.

Blütezeit: Feb. bis März, Sept. bis Okt. *Höhe:* 10 cm *Standort:* halbschattig

Dahlie (Dahlia)

Für Dahlien braucht man Leidenschaft. Die Bauerngärtner geben ihnen eine Beetfläche ohne fremden Bewuchs, auf denen sie ihre Pracht entfalten können. Doch fällt diese nur dann üppig aus, wenn sie die Beautys gut pflegen.

So fühlen sie sich wohl: Die Pflanzen brauchen einen guten Boden. Er sollte durchlässig, frisch und nährstoffreich sein. Bei zu viel Nässe faulen die Knollen. Dahlien vertragen keine Konkurrenz von Nachbarpflanzen.

Das sollten Sie noch wissen: Die Knollen kommen ab Ende April in den Boden. Junge Triebe müssen in der ersten Zeit gut gegen Schnecken geschützt werden. Wird das Verblühte regelmäßig herausgeschnitten, bilden sich laufend neue Blüten. Mignon- und Top-Mix-Dahlien sind die kleinsten Formen, die sich daher auch für Töpfe eignen. Sie werden bis zu 60 cm hoch. Dahlien unterscheidet man nach der Gestalt ihrer Blüten. Es gibt Kaktus-, Semikaktus-, Halskrausen-, Ball-, Seerosen-, Pompon-, Päonienblütige, Anemonenblütige und Einfache Dahlien.

Blütezeit: Juli bis Oktober *Höhe:* 30–130 cm *Standort:* sonnig

STEPPENKERZE (EREMURUS-ARTEN)
Die imposanten Pflanzen mit den langen Blütenkerzen stammen aus den Steppen Turkestans, wo sie mit teils extremer Trockenheit zu kämpfen haben.

So fühlen sie sich wohl: Der Boden kann trocken bis frisch, darf aber auf keinen Fall nass sein. Der Bedarf an Nährstoffen ist mittelstark.
Das sollten Sie noch wissen: Die Pflanzzeit ist September bis Ende November. Die Wurzelstöcke sehen ein wenig aus wie Seesterne. Sie sind brüchig und sollten vorsichtig gepflanzt werden. Es gibt diverse Arten und Sorten in den Farben Weiß, Gelb, Orange, Lachs und Rosa.
Blütezeit: Juni bis Juli *Höhe:* 100–200 cm *Standort:* sonnig

KAISERKRONE (FRITILLARIA IMPERIALIS)
Die Kaiserkrone ist das Glanzstück ihrer Gattung. Sie blüht seit fast 500 Jahren in den Gärten, zunächst in denen der Fürsten, später vor allem in denen der Bauern. Doch unter den Fritillarien gibt es noch weitere Juwelen.

So fühlen sie sich wohl: Die aus den Hochländern des mittleren Ostens stammende Pflanze bevorzugt frische, durchlässige und nahrhafte Böden.
Das sollten Sie noch wissen: Die Pflanzzeit ist September bis Ende November. Der Stängel sollte nach der Blüte oberhalb der Blätter gekappt werden. Es gibt Sorten in Gelb, Orange und Rot. Weitere Schätze dieser Gattung sind die Schachbrettblume (Fritillaria meleagris), die feuchte Standorte vorzieht, und die Persische Kaiserkrone (Fritillaria persica) mit purpurschwarzen Blüten.
Blütezeit: April *Höhe:* 60–100 cm *Standort:* sonnig

SCHNEEGLÖCKCHEN (GALANTHUS NIVALIS)
In England haben Schneeglöckchen längst Kultstatus. Auf sogenannten »Snowdrop«-Partys trifft sich die Upperclass, um – die Nase dicht am Boden – die schönsten Blütenzeichnungen ausgewählter Sorten zu bewundern.

So fühlen sie sich wohl: Frische bis feuchte, humusreiche Böden sind ideal
Das sollten Sie noch wissen: Die Pflanzzeit ist ab September. Die Zwiebeln sollten in den Boden, solange sie noch frisch sind, also möglichst frühzeitig. Der beste Zeitpunkt, die Pflanzen mithilfe eines Spatens zu versetzen, ist nach der Blüte im Frühjahr. Besondere Sorten sind nur in Spezialgärtnereien zu bekommen.
Blütezeit: Februar bis April *Höhe:* 10–15 cm *Standort:* halbschattig

EDELGLADIOLE (GLADIOLUS-HYBRIDEN)

Seit annähernd 200 Jahren wird an der Schönheit der Edelgladiolen züchterisch herumgefeilt. Dadurch hat sich die Prachtpflanze einige Allüren zugelegt, etwa eine mangelnde Standfestigkeit aufgrund großer, schwerer Blüten. Robuster und natürlicher sind hingegen die Baby-Gladiolen.

So fühlen sie sich wohl: Die Art stammt aus Südafrika. Die heutigen Kulturformen brauchen gute Böden – durchlässig, frisch bis feucht und reich an Nährstoffen sollten sie sein. Nasse und leicht austrocknende Standorte behagen den Pflanzen gar nicht. Gladiolen missfällt außerdem die aufdringliche Nachbarschaft anderer Pflanzen in ihrer Nähe.
Das sollten Sie noch wissen: Die Knollen werden Anfang Mai etwa 10 cm tief eingepflanzt. Wichtig sind eine Kali-betonte Düngung, regelmäßiges Wässern und Stützen für die hohen Sorten. Nach den ersten Frösten wird zunächst das Laub abgeschnitten, dann gräbt man die Knollen aus und sorgt für trockene und frostfreie Lagerung.
Blütezeit: Juni bis September *Höhe:* 40–140 cm *Standort:* sonnig

BLAUGLÖCKCHEN (HYACINTHOIDES HISPANICA)

In den Wäldern Südenglands ist die Blüte der »Bluebells« berühmt, die man alljährlich im April bewundern kann. Dahinter verbirgt sich das Hasenglöckchen (Hyacinthoides non-scripta), das vereinzelt auch bei uns heimisch ist. Für den Garten eignet sich das aus Spanien stammende Blauglöckchen jedoch noch besser.

So fühlen sie sich wohl: Ideal sind frische bis feuchte, humusreiche Böden.
Das sollten Sie noch wissen: Die Pflanzzeit ist September bis Ende November. Auf die Beete sollte jährlich etwas Kompost verteilt werden. Es gibt Sorten in verschiedenen Blautönen sowie in Weiß und Pink.
Blütezeit: Mai *Höhe:* 20–30 cm *Standort:* halbschattig bis schattig

GARTEN-HYAZINTHE (HYACINTHUS-ORIENTALIS-HYBRIDEN)

Am intensiven Duft der Hyazinthen scheiden sich die Geister. Zumindest im Zimmer ist dieser für einige Zeitgenossen nur schwer zu ertragen. Im Garten hingegen freut man sich über ihr süßes Aroma und die intensiven Farben.

So fühlen sie sich wohl: Die Böden sollten gut durchlässig sowie mäßig trocken bis frisch sein. Staunässe ist zu vermeiden.
Das sollten Sie noch wissen: Die Pflanzzeit ist September bis Ende November. Den verblühten Trieb über dem Laub kappen. Die Sortenvielfalt reicht von Blau über Violett, Karminrot, Rosa, Pink bis zu Weiß und Gelb.
Blütezeit: April bis Mai *Höhe:* 20–30 cm *Standort:* sonnig

Märzenbecher, Frühlings-Knotenblume (Leucojum vernum)

Heimisch ist der Märzenbecher in den nährstoffreichen Laubwäldern unserer Breiten, wo er im Frühjahr große Flächen weiß färben kann. Doch schon im Mittelalter hat man die kleine Zwiebelblume in den Klostergärten angepflanzt.

So fühlen sie sich wohl: Wichtig ist ein kühler, humusreicher Standort mit ausreichender Bodenfeuchte. Sandige Böden sind für die Pflanze ungeeignet.
Das sollten Sie noch wissen: Die Pflanzzeit ist September bis Ende November. Mulchen Sie den Boden für die Pflanzen mit Laub und Kompost. An geeigneten Standorten vermehrt sich der Märzenbecher durch Samen und Tochterzwiebeln. Die Sommer-Knotenblume (Leucojum aestivum) blüht erst im Mai.
Blütezeit: Feb. bis April *Höhe:* 20–60 cm *Standort:* halbschattig bis schattig

Lilie (Lilium-Arten)

Stellen Sie sich eine Lilie vor. Woran denken Sie? An die farbenfrohen, stark duftenden Sorten aus dem Blumenladen oder an die weiße Eleganz einer Königs-Lilie? Sehen Sie – die Gruppe ist fast unüberschaubar groß. Denn es gibt auch noch Feuer-, Türkenbund-, Tiger-, Scharlach- und Madonnen-Lilien.

So fühlen sie sich wohl: Ideal sind für alle Arten windgeschützte Standorte mit durchlässigen, humosen Böden, die nicht so rasch austrocknen. Bei Staunässe hingegen faulen die Knollen.
Das sollten Sie noch wissen: Die beste Pflanzzeit ist zwischen September und November. Da einige Arten frostempfindlich sind, sollten Sie die Pflanzstelle über Winter mit einer dicken Laubschicht abdecken. Nach der Blüte die Pflanzen nicht mehr gießen, aber unterhalb der Blüte kappen, bevor sie Samen ansetzen.
Blütezeit: Juni bis Juli *Höhe:* 40–150 cm *Standort:* sonnig

Traubenhyazinthe, Perlhyazinthe (Muscari-Arten)

Die hübschen kleinen Frühjahrsblüher kommen in der Natur rund um das Mittelmeer vor. Die Bezeichnung Muscari soll auf ein arabisches Wort zurückgehen, das übersetzt so viel wie »griechischer Moschus« bedeutet und ausdrückt, dass einige Arten der Traubenhyazinthe einfach himmlisch duften.

So fühlen sie sich wohl: Der Boden sollte mäßig trocken bis frisch sein.
Das sollten Sie noch wissen: Die Pflanzzeit ist ab September. Je eher die Zwiebeln in den Boden kommen, desto besser, da deren Schale an der Luft schnell austrocknet. Unter den vielen Arten ist vor allem die anspruchslose Armenische Traubenhyazinthe (Muscari armeniacum) hervorzuheben, die sich im Garten durch Brutzwiebeln ausbreitet. Schön sind ebenfalls die Azurblaue Traubenhyazinthe (Muscari azureum) und die Kleine Traubenhyazinthe (Muscari botryoides), die angenehm duftet.
Blütezeit: April bis Mai *Höhe:* 15–25 cm *Standort:* sonnig

Narzissen (Narcissus-Arten)

Die Osterglocken-Narzissen sind gelb und haben lange Trompeten. Das sind die Kronen, die der Blüte vorn aufsitzen. Darüber hinaus existieren noch elf weitere Gruppen, die eine Unterscheidung der Narzissen-Arten möglich machen.

So fühlen sie sich wohl: Der Standort sollte mäßig trocken bis feucht und reich an Nährstoffen sein. Sandige und lehmige Böden werden vertragen.
Das sollten Sie noch wissen: Die Pflanzzeit ist September bis Ende November. Kommen die Zwiebeln zeitig in den Boden, können sie häufig schon Wurzeln bilden. So sind sie am besten gegen Bodenfröste gewappnet. Wühlmäuse lassen die Narzissen-Zwiebeln weitestgehend in Ruhe. Das Laub sollte stehen bleiben, bis es eingezogen ist. Dann ziehen sich alle Nährstoffe in die Zwiebel zurück.
Blütezeit: März bis Mai *Höhe:* 10–60 cm *Standort:* sonnig bis halbschattig

Blaustern (Scilla sibirica)

Die Blüten des Blausterns sind zwar nur klein, dafür leuchten sie in einem reinen Himmelblau, das kaum ein anderes Gewächs zu bieten hat. Da die Zwiebelblume große Flächen besiedeln kann, entstehen somit eindrucksvolle Frühlingsbilder.

So fühlen sie sich wohl: Der Boden sollte mäßig trocken bis frisch sein.
Das sollten Sie noch wissen: Die Pflanzzeit ist September bis Ende November. Der Blaustern bildet reichlich Samen aus. Die Keimlinge blühen schon nach zwei bis drei Jahren. So bilden sich an passenden Standorten allmählich blau blühende Teppiche heraus. Die Sorte ›Spring Beauty‹ mit größeren Blüten ist jedoch steril und bildet daher keine Samen.
Blütezeit: März bis Mai *Höhe:* 10–15 cm *Standort:* sonnig bis halbschattig

Tulpe (Tulipa)

Vor rund 400 Jahren führten Kaufleute die ersten Tulpen aus türkischen Gärten nach Westeuropa ein. Anfangs waren die Zwiebeln sehr begehrt, und man handelte sie wie Juwelen. Noch heute haben die leuchtenden Blütenköpfe, die wie eine Prozession farbiger Turbane aussehen, große Anziehungskraft.

So fühlen sie sich wohl: Tulpen lieben mäßig trockene bis frische Böden, die nicht staunass sein dürfen. Sonst muss der Boden drainiert werden.
Das sollten Sie noch wissen: Die Pflanzzeit ist September bis Ende November. Die verblühten Köpfe kappen, damit sie keine Samen ansetzen. Das raubt den Zwiebeln die Kraft fürs nächste Jahr. Das Laub muss aber stehen bleiben. Nach der Blüte sollte man die Pflanzen zudem düngen. Bei guter Pflege bleiben die meisten Sorten drei bis fünf Jahre lang vital und blühfreudig. Die Tulpen werden in 15 verschiedene Klassen unterteilt, die sich auf die Gruppen Frühblühende, Mittelfrühblühende, Spätblühende und Botanische Tulpen verteilen.
Blütezeit: März bis Mai *Höhe:* 10–70 cm *Standort:* sonnig

Bäume und Sträucher

Gehölze bilden im Gegensatz zu den Stauden holzige Triebe. Aus deren Knospen sprießen im Frühjahr Blätter und Blüten. Im Herbst entsorgen sie ihr Laubkleid häufig sehr farbenreich und bleiben dann den Winter über kahl (Ausnahme immergrüne Gehölze). Sträucher wachsen mit mehreren Trieben, Bäume hingegen bilden einen Stamm und eine Krone. Gärtner können einige Gehölze als Strauch und als Baum anbieten. Im letzten Fall ziehen sie einen Stamm heran, den sogenannten Hochstamm, dem dann teils eine Krone aufgepfropft wird. Dieses Kapitel gliedert sich in: Bäume und Sträucher (Seite 161–173), Immergrüne Heckenpflanzen (Seite 174–176), Laub abwerfende Heckenpflanzen (Seite 176–177), Kletterpflanzen (Seite 178–181) und Rosen (Seite 181–183).

Fächer-Ahorn (Acer palmatum)

Der Fächer-Ahorn aus den Bergwäldern Japans ist ein edles kleines Ziergehölz, dem man seine asiatische Heimat immer noch ansieht. Daher passt er gut zu modernen puristischen Pflanzungen, nicht jedoch in einen Cottagegarten.

So fühlen sie sich wohl: Am besten sind frische bis feuchte Böden ohne Staunässe. Auf schweren, nassen Böden werden die Pflanzen anfällig für Krankheiten.
Das sollten Sie noch wissen: Die Wurzeln des Fächer-Ahorns wachsen flach unter der Bodenoberfläche. An heißen Standorten sollten Sie den Boden um das Bäumchen mulchen, damit das feine Wurzelgeflecht nicht austrocknet. Es darf auch nicht verletzt werden, wenn die Erde gehackt wird. Es gibt eine Reihe schöner Sorten: ›Atropurpureum‹ hat dunkelrotes Laub, die Blätter von ›Dissectum‹ sind fein geschlitzt und diejenigen von ›Dissectum Atropurpureum‹ sind geschlitzt und zugleich dunkelrot gefärbt.
Blütezeit: Mai *Höhe:* 3–5 m *Standort:* sonnig bis halbschattig

Kupfer-Felsenbirne (Amelanchier lamarckii)

Felsenbirnen werden im Lauf der Jahre zu malerischen Sträuchern mit schirmförmigen Kronen und leicht überhängenden Zweigen. Im Frühjahr schmückt sie eine Unzahl weißer Blüten, und im Herbst färbt sich das Laub orangerot.

So fühlen sie sich wohl: Der Strauch ist ziemlich anspruchslos. Er kommt auf allen, sogar noch auf mäßig trockenen Böden gut zurecht.
Das sollten Sie noch wissen: Meist werden Felsenbirnen als Sträucher angeboten. Man bekommt sie aber auch mit Stamm und Krone als sogenannten »Hochstamm«. Diese eignen sich von der Größe her zu einem schönen Hausbaum, der sich solo oder links und rechts von einem Eingang oder einem Weg pflanzen lässt. Weitere Arten: Kahle Felsenbirne (Amelanchier laevis) wird nur 3 bis 5 m hoch.
Blütezeit: April *Höhe:* 4–6 m *Standort:* sonnig bis halbschattig

Azalee (Azalea-Arten)

Botanisch und dem Aussehen nach gehören Azaleen zu den Rhododendren. Doch im Gegensatz zu diesen gibt es unter ihnen auch Arten, die durch besonders leuchtende Farben auffallen und im Winter ihr Laub verlieren.

So fühlen sie sich wohl: Ideal sind ähnlich wie bei den Rhododendren lockere, humose, feuchte, saure Böden. Die sommergrünen Azaleen gelten als robuster als die immergrünen Formen. Sie vertragen auch sonnige Standorte.

Das sollten Sie noch wissen: Die schönsten sommergrünen Azaleen sind Mollis x sinensis-Sämlinge in den Farben Gelb, Orange, Rosa und Rot, die überwiegend in strahlendem Gelb blühenden Pontica-Sämlinge sowie die Knap-Hill-Azaleen mit besonders großen Blüten in diversen Farben. Darüber hinaus gibt es viele Sorten der Japanischen Azaleen, die eher schwach wachsen, kleine immergrüne Blätter tragen und ähnlich anspruchsvoll sind wie die Rhododendren.

Blütezeit: Mai bis Juni *Höhe:* 0,5–2 m *Standort:* sonnig bis halbschattig

Berberitze (Berberis-Arten)

Sie sind klein und stachelig, und man sollte ihnen daher nicht zu nah kommen. Berberitzen sind eben keine Streichelpflanzen. Dafür können diese teils immergrünen Sträucher, die im Frühjahr leuchtend gelb blühen, Strukturen innerhalb des Gartens betonen – ähnlich wie Buchsbäume.

So fühlen sie sich wohl: Die Sträucher haben keine besonderen Bodenansprüche.

Das sollten Sie noch wissen: Immergrüne Arten, die wie Buchsbaum verwendet werden können: Berberis buxifolia ›Nana‹ wächst von Natur aus kugelig und wird nur 0,5 m hoch; etwas höher werden Berberis candidula, und Berberis ›Verrucandii‹ wächst sogar bis zu 2 m hoch. Zudem gibt es diverse Sorten der Berberis thunbergii, die ihr Laub im Herbst allerdings verliert. Viele davon haben rotes Laub, sie wachsen teils kugelig und eignen sich gut für Hecken. Alle diese Arten lassen sich gut schneiden – vorausgesetzt, man trägt feste Handschuhe.

Blütezeit: Mai *Höhe:* 0,5–3 m *Standort:* sonnig bis halbschattig

Sommerflieder (Buddleja davidii-Hybriden)

Sommerflieder sind Magnete für Schmetterlinge und Hummeln. Wenn man ihren Duft wahrnimmt, versteht man, warum die Insektenwelt so in diese Blüten vernarrt ist, die sowohl zu Rosen als auch zu Gräsern passen.

So fühlen sie sich wohl: Die Sträucher gedeihen auch noch an trockenen, nährstoffarmen Standorten. Problematisch sind eher nasse Böden.

Das sollten Sie noch wissen: Die Pflanzen blühen an den Zweigruten, die das Frühjahr über gewachsen sind, den sogenannten »einjährigen« Trieben. Werden diese zu Beginn des Jahres zurückgeschnitten, fördert das den Blütenreichtum. Es gibt Sorten in allen Schattierungen von Purpur, Rot, Violett, Rosa und Weiß.

Blütezeit: Juli bis August *Höhe:* 3–4 m *Standort:* sonnig

Besenheide (Calluna vulgaris)

Besenheide sollte man nicht zwischen andere Pflanzen setzen. Dazu sind ihre Bedürfnisse zu speziell. Man gestaltet daher Beete, in denen Heide die Hauptrolle spielt, und bringt dazu noch Gräser und Stauden unter, die zu ihr passen.

So fühlen sie sich wohl: Die Pflanzen wollen einen sauren, nährstoffarmen Sand-, Lehm-, oder Torfboden. Er darf mäßig trocken bis feucht sein.
Das sollten Sie noch wissen: Besenheide hat im Herbst vor allem als Topfpflanze eine wichtige Bedeutung. Es wird eine Reihe von Sorten angeboten, die jeweils nur einige Wochen blühen. Möchte man bis Weihnachten blühende Heide haben, braucht man verschiedene Sorten. Nach Weihnachten beginnt die Blüte der Schneeheide (Erica carnea). Ihre Sorten blühen teils noch bis in den Mai hinein.
Blütezeit: August bis November *Höhe:* 20–80 cm *Standort:* sonnig

Bartblume (Caryopteris x clandonensis)

Die Bartblume wurde aus Ostasien eingeführt und um 1930 in England zu Sorten veredelt. Sie beeindruckt mit einer für Gehölze recht seltenen blauen Blütenfarbe. Die zierlichen Sträucher sehen vor allem zwischen Stauden hübsch aus.

So fühlen sie sich wohl: Trockene bis frische, gut durchlässige Böden sind ideal. Schwere, nasse Böden sind problematisch.
Das sollten Sie noch wissen: Die dunkelblauen Blüten entstehen an den Trieben, die das Frühjahr über gewachsen sind, den sogenannten »einjährigen« Trieben. Sie verholzen kaum und sollten zu Beginn eines jeden Jahres wieder gekappt werden. Häufig frieren sie auch über Winter zurück. Da der Strauch etwas frostempfindlich ist, sollte er geschützt stehen. Die schönste Sorte ist ›Heavenly Blue‹.
Blütezeit: August bis September *Höhe:* 1 m *Standort:* sonnig

Trompetenbaum (Catalpa bignonioides)

Trompetenbäume bilden im Alter sehr schöne runde Kronen mit ausladenden Ästen. Dafür werden sie ebenso geliebt wie für ihre prachtvollen Blütenrispen. Doch, ganz ehrlich, für einen normalen Hausgarten werden die Bäume viel zu groß. Zum Glück gibt es auch weniger stark wachsende Sorten.

So fühlen sie sich wohl: Der Baum bevorzugt frische, nahrhafte Böden. Er kommt aber auch noch auf mäßig trockenen Standorten zurecht.
Das sollten Sie noch wissen: Sorten, die nicht so stark wachsen: Gold-Trompetenbaum (Catalpa bignonioides ›Aurea‹) mit hellgrünem Laub und Catalpa bignonioides ›Nana‹ mit einer kleinen kugelförmigen Krone. Er erreicht nur eine Höhe von rund 5 m ist von daher für kleine Hausgärten optimal. Es gibt nur einen Nachteil: Er blüht nicht.
Blütezeit: Juni bis Juli *Höhe:* 5–10 m *Standort:* sonnig bis halbschattig

Säckelblume (Ceanothus)

Die Blüten der Säckelblumen sehen aus wie die eines kleinblütigen Flieders. In England stehen diese Gehölze in fast jedem Garten, und es gibt Dutzende Sorten. Bei uns muss dieser entzückende Strauch allerdings erst noch von seinem Schattendasein erlöst werden.

So fühlen sie sich wohl: Der Boden sollte trocken bis frisch, leicht bis mittelschwer und in jedem Fall durchlässig sein. Etwas Kalk im Untergrund tut der aus Mittelamerika stammenden Pflanze ebenfalls gut.
Das sollten Sie noch wissen: Der Strauch blüht an Trieben, die das Frühjahr über gewachsen sind, den sogenannten »einjährigen« Trieben. Diese sollten zu Beginn des Jahres gekürzt werden. Da die Pflanze etwas frostempfindlich ist, gibt man ihr einen geschützten Platz. Besonders schön macht sie sich an Hauswänden. In England sieht man Exemplare, die die Fassade einige Meter hoch mit ihren blauen Blütenrispen überziehen. Bei uns ist die Sorte ›Gloire de Versailles‹ verbreitet.
Blütezeit: Juli bis Oktober *Höhe:* 1,5 m und höher *Standort:* sonnig

Judasbaum (Cercis siliquastrum)

Rund um das Mittelmeer findet man den Judasbaum. Vor allem im April fällt er auf, wenn seine purpurrosa Blüten aus dem dunklen Holz hervorbrechen. Erst anschließend erscheint das frische Grün der kleinen herzförmigen Blätter. Den ganzen Sommer hindurch wirkt der zierliche Baum licht und mediterran.

So fühlen sie sich wohl: Ideal sind gut durchlässige, mäßig trockene bis feuchte Böden. Er liebt kalkhaltigen Boden, verträgt aber auch noch leicht saure Standorte.
Das sollten Sie noch wissen: Der Baum kommt mit Hitze und Trockenheit zurecht. In der Jugend ist er etwas frostempfindlich. Als Hausbaum wirft der Judasbaum angenehm lichte Schatten, denn seine Krone breitet sich im Alter malerisch aus. Für Regionen mit kalten Wintern ist das Gehölz eher ungeeignet.
Blütezeit: April *Höhe:* 3,5–6 m *Standort:* sonnig

Blumenhartriegel (Cornus florida)

Dieser elegante Großstrauch kommt aus den Laubwäldern Nordamerikas zu uns. Im Alter sieht er aus wie ein kurzstämmiger kleiner Baum.

So fühlen sie sich wohl: Am besten sind locker-humose, frische, nahrhafte Böden. Kalk und Staunässe mögen die Pflanzen nicht.
Das sollten Sie noch wissen: Die Wurzeln verzweigen sich unmittelbar unterhalb der Bodenoberfläche. Dieser Bereich sollte durch eine Mulchschicht oder eine Bepflanzung mit Bodendeckern feucht und kühl gehalten werden. Weitere schöne Arten: rot blühender Blumenhartriegel (Cornus florida ›Rubra‹). Noch eleganter wächst der Japanische Blumenhartriegel (Cornus kousa), dessen Zweige sich waagerecht wie in Etagen aufbauen. Seine Früchte sehen aus wie große Himbeeren.
Blütezeit: Mai bis Juni *Höhe:* 4–6 m *Standort:* sonnig bis halbschattig

Scheinhasel (Corylopsis pauciflora)

Die Scheinhasel ist ein zierlicher Frühlingsblüher mit leuchtenden hellgelben Blüten, die einen leichten Primelduft verströmen. Den Sommer über dient er im Beet als grüner Ruhepol – bis zum Herbst. Dann färbt sich sein Laub schön gelb.

So fühlen sie sich wohl: Der Strauch braucht gute Böden. Sie sollten locker-humos und frisch sein. Feuchte und nährstoffreiche Standorte lassen ihn im Herbst nicht ordentlich ausreifen, was ihn anfällig gegenüber Frost macht.
Das sollten Sie noch wissen: In Trockenzeiten wässern. Seine Wurzeln wachsen dicht unter der Oberfläche. Sie sollten bei Gartenarbeiten nicht verletzt werden. Eine dünne Mulchschicht hält sie feucht.
Blütezeit: März bis April *Höhe:* 1–1,5 m *Standort:* sonnig bis leicht schattig

Perückenstrauch (Cotinus coggygria)

Seine Heimat ist das östliche Mittelmeergebiet. Dort gedeiht der Perückenstrauch an felsigen, trockenen Hängen. Auffallend sind seine Fruchtstände, die mit ihren fein behaarten Stielen in puscheligen Rispen eng zusammenstehen und so dem Strauch seinen Namen gaben. In England sind rotblättrige Sorten beliebt.

So fühlen sie sich wohl: Die Böden sollten durchlässig, trocken bis frisch und nicht so reich an Nährstoffen sein.
Das sollten Sie noch wissen: Noch schöner ist der rotblättrige Perückenstrauch der Sorte ›Royal Purple‹, der silbrig rote Blütenstände trägt. Er wächst nicht so stark wie die Art und erreicht schließlich nur etwa 3 m Höhe. Aufgrund seiner intensiven Laubfarbe wird er gern in den Hintergrund rot blühender Stauden- und Rosenbeete gepflanzt.
Blütezeit: Juni bis Juli *Höhe:* 3–5 m *Standort:* sonnig

Zweigriffliger Weissdorn (Crataegus laevigata)

Wild wächst der Weißdorn an Waldrändern und Hecken. Er ist in ganz Europa heimisch. Im Garten passt er in Wildgehölzhecken oder als Hausbaum. Doch den dafür nötigen Hochstamm gibt es meist nur von seiner rot blühenden Schwester.

So fühlen sie sich wohl: Der Boden sollte mäßig trocken bis feucht und reich an Nährstoffen sein.
Das sollten Sie noch wissen: Der rot blühende Verwandte des Weißdorns ist der Echte Rotdorn (Crataegus laevigata ›Paul's Scarlet). Wenn man ihn als Hochstamm kauft, wird er zu einem schönen Hausbaum mit breit ausladender Krone. Wildtriebe, die aus seinem Stamm sprießen, müssen regelmäßig gekappt werden.
Blütezeit: Mai bis Juni *Höhe:* 4–6 m *Standort:* sonnig

DEUTZIE (DEUZIA-ARTEN)

Während Deutzien bei uns oft in Hecken gezwängt werden, genießen sie in England Solistenrollen. Von Stauden wie Storchschnabel und Rittersporn umgeben, bilden die zierlichen Sträucher das Gerüst größerer Rabatten.

So fühlen sie sich wohl: Die aus Ostasien stammenden Gehölze bevorzugen einen gleichmäßig feuchten, nahrhaften Boden.

Das sollten Sie noch wissen: Deutzien erkennt man an ihren hohlen Trieben. So lassen sie sich gut vom teils ähnlich aussehenden Falschen Jasmin (Philadelphus) unterscheiden. Während der Blütezeit gut wässern, sonst stoßen die Sträucher schnell ihre Blüten ab. Möchte man sich einen reichen Blütenflor erhalten, sollten die Triebe unmittelbar nach der Blüte im Juni bis auf wenige Zentimeter über dem Zuwachs aus dem letzten Jahr gekappt werden. Schöne Sorten sind: ›Boule de Neige‹ mit rahmweißen Blüten und ›Mont Rose‹ mit malvenfarbenen Blüten sowie ›Rosalind‹ mit überhängenden Zweigen und karminrosafarbenen Blüten.

Blütezeit: Mai bis Juni *Höhe:* 1–3 m *Standort:* sonnig

FORSYTHIE, GOLDGLÖCKCHEN (FORSYTHIA X INTERMEDIA)

Forsythien sind immer noch die klassischen Sträucher des Frühlingsgartens. Ist ihre signalgelbe Blütenpracht erloschen, haben sie jedoch nicht mehr viel zu bieten.

So fühlen sie sich wohl: Der in Ostasien beheimatete Strauch mag nahrhafte und frische, jedoch keine trockenen Böden.

Das sollten Sie noch wissen: Sommertrockenheit vertragen Forsythien nicht gut, dann lassen sie schnell ihre Blätter hängen. Will man sie beschneiden, muss das unmittelbar nach der Blüte geschehen. Später im Jahr würde man ihnen die Blütentriebe für den nächsten Frühling wegnehmen. Die verschiedenen Sorten unterscheiden sich in Wuchsstärke, Nuancen der Blütenfarbe und Blütengröße.

Blütezeit: April *Höhe:* 2–4 m *Standort:* sonnig

ZAUBERNUSS (HAMAMELIS X INTERMEDIA)

Der Strauch, der sich zuweilen schon zu Weihnachten mit Fransen schmückt, die wie Lametta von seinen kahlen Zweigen hängen, heißt Zaubernuss. Warmes Winterwetter verführt ihn zum voreiligen Treiben. Wird es frostig, rollen sich die krausen Blütenblätter wieder ein, um den Fruchtknoten vor dem Erfrieren zu schützen.

So fühlen sie sich wohl: Die Sträucher sind empfindlich auf Bodenverdichtungen. Die Erde sollte also tiefgründig und locker sein, frisch bis feucht und am besten auch reich an Humus.

Das sollten Sie noch wissen: Es gibt verschiedene Sorten mit Blütenblättern in Gelb- und Rottönen. Die hier vorgestellte Zaubernuss und ihre Sorten sind Kreuzungen aus der Japanischen Zaubernuss (Hamamelis japonica) und der Chinesischen Zaubernuss (Hamamelis mollis).

Blütezeit: Januar bis März *Höhe:* 2–4 m *Standort:* sonnig bis halbschattig

Strauch-Eibisch (Hibiscus syriacus)

Den Blüten sieht man an, dass der Strauch-Eibisch exotischer Herkunft ist, beispielsweise aus Indien. Andererseits ist er den Malven ähnlich, und dieses Aussehen passt wiederum auch zu den Pflanzen eines Cottagegartens.

So fühlen sie sich wohl: Da der Strauch aus einer warmen Region stammt, sollte man ihm im Garten einen geschützten Platz geben. Der Boden ist am besten nährstoffreich und nicht so trocken.
Das sollten Sie noch wissen: Als junge Pflanze ist der Strauch-Eibisch noch frostempfindlich. In kalten Wintern umgibt man ihn am besten mit einer Strohmatte oder einem Vlies. Seine Blätter treiben erst spät im Frühjahr aus. Also verlieren Sie nicht die Geduld, wenn um den Strauch herum schon alles grün ist. Während längerer Trockenzeiten stößt er seine Knospen ab. Man sollte ihn rechtzeitig wässern. Der Markt bietet Sorten in Purpur, Violett, Rot, Rosa und Weiß.
Blütezeit: Juni bis September *Höhe:* 1–2 m *Standort:* sonnig

Bauern-Hortensie (Hydrangea macrophylla)

Bauern-Hortensien sind im Spätsommer etwa genauso bedeutungsvoll wie die Rosen im Hochsommer. Sie prägen die Grundstimmung einer Jahreszeit.

So fühlen sie sich wohl: Wichtig sind gleichmäßig feuchte, humose und durchlässige Böden. Die Blütenfarbe hängt vom pH-Wert des Bodens ab. Blaue Sorten blühen nur blau, wenn der Boden sauer ist. Spezielle Dünger können helfen.
Das sollten Sie noch wissen: Die Triebe der Bauern-Hortensien dürfen im Frühjahr nicht zurückgeschnitten werden. Dort sitzen die Blütenknospen, die sich im Vorjahr gebildet haben. Nur die Triebspitzen kappen. Hortensien, die als Zimmerpflanzen verkauft werden, besitzen nicht die erforderliche Frosthärte. Gartentauglich sind nur spezielle Sorten, etwa ›Bouquet Rose‹ in Türkisblau, ›Masja‹ in Dunkelrosa, ›Blue Wave‹ in Blau und ›Lanarth‹ in Weiß. Rispenhortensien (Hydrangea paniculata) und die Hortensie ›Annabelle‹ sind ebenfalls für den Hausgarten sehr zu empfehlen.
Blütezeit: Juni bis Okt. *Höhe:* 0,5–1,5 m *Standort:* sonnig bis halbschattig

Johanniskraut (Hypericum-Arten)

Die Johanniskraut-Arten haben schönes Laub, einen zierlichen Wuchs und blühen fast den ganzen Sommer über. Sie sind bestens geeignet für jede Ecke, die Gelb verträgt.

So fühlen sie sich wohl: Die Sträucher sind nicht anspruchsvoll. Am besten kommen sie jedoch auf mäßig trockenen bis frischen, gut durchlässigen Böden zurecht. Nicht verträglich sind schwere, feuchte Standorte.
Das sollten Sie noch wissen: Das Niedrige Johanniskraut (Hypericum calycinum) ist ein wadenhoher Bodendecker, der auch noch Schatten und sandige Böden verträgt. Der zierliche Strauch Hypericum erectum ›Gemo‹ hat eine hübsche halbrunde Form. Mit ihm lassen sich Wege oder Eingänge flankieren. Andere Arten wie Hypericum patulum var. henryi eignen sich zu kleinen Hecken.
Blütezeit: Juli bis Sept. *Höhe:* 0,3–1 m *Standort:* sonnig bis halbschattig

Lorbeerrose, Kalmie (Kalmia-Arten)

Die Lorbeerrosen sind aparte immergrüne Sträucher für eher schattige Gartenecken. Die Naturformen kommen aus dem Unterholz nordamerikanischer Wälder.

So fühlen sie sich wohl: Die kleinen Sträucher wollen einen humosen, feuchten und eher sauren Boden. Die Standortansprüche ähneln denen der Rhododendren.

Das sollten Sie noch wissen: Es werden zwei Arten angeboten: Die schmalblättrige Lorbeerrose (Kalmia angustifolia ›Rubra‹) wird nur bis zu einem Meter hoch, bildet schwache Ausläufer und blüht rund zwei Wochen später als die Breitblättrige Lorbeerrose (Kalmia latifolia). Diese wächst etwa doppelt so stark. Von ihr gibt es Sorten mit Blüten in verschiedenen Rottönen.

Blütezeit: Juni *Höhe:* 1–2 m *Standort:* sonnig bis halbschattig

Kolkwitzie (Kolkwitzia amabilis)

Nach einigen Jahren neigen sich die Zweige der Kolkwitzie elegant nach unten, wobei der Frühling den Strauch jedes Jahr mit einer Fülle perlmuttfarbener, süß duftender Blütentrauben überzieht – einfach ein Traum von einem Strauch.

So fühlen sie sich wohl: Die aus China stammenden Pflanzen stellen an den Boden keine besonderen Ansprüche. Auf sehr nährstoffreichen Standorten kann es passieren, dass sie nicht so reich blühen.

Das sollten Sie noch wissen: Die Sträucher bilden ihre Blüten an den Trieben, die im Vorjahr gewachsen sind. Schneidet man diese zu Beginn des Frühjahrs zu drastisch zurück, wird der Strauch kaum blühen. Einen starken Rückschnitt sollte man daher nur unmittelbar nach der Blüte vornehmen. Erst danach wachsen die Blütentriebe für das nächste Jahr. Soll der Strauch nur etwas ausgelichtet werden, so kann man das auch früh im Jahr vor dem Laubaustrieb tun.

Blütezeit: Mai bis Juni *Höhe:* 2–3 m *Standort:* sonnig bis halbschattig

Goldregen (Laburnum-Arten)

Goldregen und Jugendstilvillen gehören zusammen, was zeigt, dass der nordmediterrane Baum vor rund 100 Jahren beim betuchten Bürgertum en vogue war. Heute ist seine goldgelbe Frühjahrsblüte in den Städten eher selten geworden.

So fühlen sie sich wohl: Trockene bis frische Böden, die durchaus etwas Lehm enthalten dürfen, sind dem Strauch am liebsten.

Das sollten Sie noch wissen: Der Gewöhnliche Goldregen (Laburnum anagyroides) wächst in Süddeutschland auch wild. Seine Blüten duften nicht. Die dichten Blütentrauben des Laburnum x wateri ›Vossii‹ hingegen duften vorzüglich. Ihn bekommt man auch als Baum. Alle Pflanzenteile dieser Art sind giftig, besonders die Samen in den langen, seidig behaarten Hülsen.

Blütezeit: Mai bis Juni *Höhe:* 5–7 m *Standort:* sonnig bis halbschattig

Magnolie (Magnolia-Arten)

Das Magnolien-Jahr beginnt mit den wunderschönen feinen Blüten der Stern-Magnolie, dann folgen die edlen Kelche der Tulpen-Magnolie, und die Sommer-Magnolie rundet den Reigen mit duftenden, reinweißen Blütenschalen im Juli ab.

So fühlen sie sich wohl: Der Boden sollte locker humos und gleichmäßig frisch bis feucht sein.
Das sollten Sie noch wissen: Die Blüten der Stern-Magnolie (Magnolia stellata) verfärben sich nach einer Frostnacht an den Rändern braun. Will man das vermeiden, sollte man die Pflanzen am Abend mit einem Vlies abdecken. Eine schöne Tulpen-Magnolie (Magnolia x soulangeana) ist die magentarot blühende Sorte ›Nigra‹. Die Sommer-Magnolie (Magnolia sieboldii) sollte geschützt an einen halbschattigen Ort gepflanzt werden.
Blütezeit: März bis Juli *Höhe:* 2–4 m *Standort:* sonnig bis lichter Schatten

Mahonie (Mahonia aquifolia)

Mahonien sind Kämpfer im Unterholz. Die immergrünen Sträucher helfen kahle Flächen unter großen Bäumen zu begrünen, denn sie vertragen deren Wurzeldruck. Durch regelmäßiges Schneiden werden sie zu kompakten Pflanzen.

So fühlen sie sich wohl: Die Sträucher sind anpassungsfähig. Sie gedeihen auf feuchten und auf trockenen Böden. Sie mögen jedoch keine Bodenverdichtung.
Das sollten Sie noch wissen: Die Wurzeln führen einen gelben Saft, der stark färbt. Die gelben Blüten stehen in Trauben, die blau bereiften Früchte sind nicht giftig. Aus ihnen wird sogar Wein gekeltert. In kalten, trockenen Wintern verlieren die Pflanzen schon einmal das Laub. Sie treiben aber im Frühjahr wieder aus. Die Schmuckblatt-Mahonie (Mahonia bealei) ist insgesamt anspruchsvoller.
Blütezeit: April bis Mai *Höhe:* 1–1,5 m *Standort:* sonnig bis schattig

Zierapfel (Malus-Arten)

Zieräpfel gehören zu den schönsten Ziergehölzen überhaupt. Kaum eines wartet mit einer so reichen Frühjahrsblüte auf. Die Herbstfärbung wird noch von den farbigen Früchten übertroffen, die bis zum Winter am Baum bleiben.

So fühlen sie sich wohl: Am liebsten haben diese Gehölze mittelschwere, mäßig trockene bis feuchte Böden. Auch nahrhafte Sandböden werden vertragen.
Das sollten Sie noch wissen: Sie sollten in jedem Fall einen Baum, also einen sogenannten »Hochstamm«, pflanzen, unter dem man auch einmal sitzen kann. Die schönsten Sorten sind folgende: ›Butterball‹ mit weißen, zartrosa überhauchten Blüten, gelben Früchten und guter Gesundheit. Auch ›Evereste‹, weiß blühend mit orangeroten Früchten, gehört zu den robusten seiner Art. ›Red Sentinel‹ mit weißen Blüten und kirschroten Früchten bleibt ebenfalls sehr gesund. ›Royalty‹ mit rubinroten Blüten und dunkelroten Früchten ist hingegen etwas schorfanfällig.
Blütezeit: Mai *Höhe:* 4–6 m *Standort:* sonnig

Blauraute, Silberstrauch (Perovskia abrotanoides)

Aus den Steppen Vorderasiens kommt dieser graufilzige Strauch mit seinen langen blauen Blütenkerzen – ein Highlight im spätsommerlichen Staudenbeet.

So fühlen sie sich wohl: Der Strauch ist anpassungsfähig und verträgt trockene bis feuchte Böden. Sie sollten jedoch gut durchlässig sein, denn die Nässe im Winter mag er gar nicht. Trockenheit im Sommer macht ihm dagegen nichts aus.

Das sollten Sie noch wissen: Blaurauten sind frostempfindlich. Die oberirdischen Triebe frieren im Winter meist zurück. Das macht aber nichts, da diese ohnehin im Frühjahr zurückgeschnitten werden müssen. Die Pflanze treibt aus dem Wurzelstock wieder aus. Erst die neuen Triebe tragen die Blütenknospen.

Blütezeit: Juli bis Oktober *Höhe:* 1 m *Standort:* voll sonnig

Pfeifenstrauch, Falscher Jasmin (Philadelphus)

Herrlicher Duft und eine Fülle von Blüten haben den Pfeifenstrauch zu einem der beliebtesten Ziersträucher gemacht, der einen speziellen Platz verdient.

So fühlen sie sich wohl: Gleichmäßig feuchte Böden werden bevorzugt. Aber insgesamt sind die Pflanzen anspruchslos.

Das sollten Sie noch wissen: Im Unterschied zu den Deutzien, zu denen eine Verwechslungsgefahr besteht, sind die Zweige des Pfeifenstrauchs mit Mark gefüllt. Der Strauch sollte nach der Blüte regelmäßig ausgelichtet werden. Dazu schneidet man einige Triebe unmittelbar über dem Boden heraus. Werden die Triebe hingegen nur halb gekappt, bilden sich innerhalb der Pflanze unschöne Verzweigungen, sogenannte Besen. Neben dem heimischen Pfeifenstrauch (Philadelphus coronarius) sind in den Gärtnereien auch viele andere schöne Sorten erhältlich. Darunter ›Belle Etoile‹ mit großen malvenartigen Blüten und ›Schneesturm‹, eine stärker wachsende Sorte mit kleinen gefüllten Blüten.

Blütezeit: Juni bis Juli *Höhe:* 1–3 m *Standort:* sonnig bis lichter Schatten

Lavendelheide (Pieris japonica)

Lavendelheiden haben etwas von der dezenten Schönheit traditionell gekleideter Japanerinnen, aus deren Land sie auch stammen. So bleiben die Sträucher im Garten immer eher im Hintergrund, sind aber durchweg schön anzuschauen.

So fühlen sie sich wohl: Die Standortansprüche sind denen der Rhododendren vergleichbar: Der Boden sollte frisch bis feucht, humos und leicht sauer sein. Die feinen Wurzeln mögen keine Bodenverdichtung. Der Nährstoffbedarf ist mäßig.

Das sollten Sie noch wissen: Mulchen Sie den Boden um die Pflanzen herum mit Laub sowie hin und wieder mit etwas Kompost. Neben den weißen Blütenrispen zeigen einige Sorten im Frühjahr noch einen wunderschönen roten Laubaustrieb. Dazu gehören etwa ›Forest Flame‹ und ›Mountain Fire‹.

Blütezeit: April bis Mai *Höhe:* 1–3 m *Standort:* halbschattig bis schattig

KIEFER (PINUS-ARTEN)
Selbst für den Garten ist das Artenspektrum der Kiefern sehr groß. Wählen Sie vor allem kleinwüchsige Formen, damit Rasen und Beete nicht nach wenigen Jahren von Schatten und dicken Kiefernnadelschichten bedeckt werden.

So fühlen sie sich wohl: In der Natur wachsen Kiefern meist in den Bergen oder an den Küsten. Dort haben sie es oft mit armen Bodenverhältnissen zu tun. Die Böden sollten also eher trocken bis frisch und in jedem Fall durchlässig sein. Schwere, nasse Standorte sind daher eher problematisch.
Das sollten Sie noch wissen: Empfehlenswerte Arten: Berg-Kiefer (Pinus mugo) wird bis zu 6 m hoch und verträgt sogar nasse Moorböden. Von ihr gibt es Sorten, wie ›Gnom‹, bis 3 m hoch wachsend, und die nur 0,5 m große ›Mini Mops‹. Die Kriech-Kiefer (Pinus pumila ›Glauca‹) mit blaugrünen Nadeln erreicht Höhen von bis zu 2 m. Im Alter bildet die Strauch-Wald-Kiefer (Pinus sylvestris ›Watereri‹) mit einer Höhe von 4 bis 5 m eine malerische schirmförmige Krone aus.
Blütezeit: Juni bis Juli *Höhe:* 0,5–5 m *Standort:* sonnig

FINGERSTRAUCH (POTENTILLA FRUTICOSA)
Ein Gehölz, das den Fingerstrauch an Anspruchslosigkeit überbietet, ist kaum vorstellbar. Dabei hat der kleine Busch weitere Qualitäten: eine lange Blütezeit und große Verträglichkeit. Er macht sich schön zu Rosen und zu vielen Stauden.

So fühlen sie sich wohl: Dieser auf der ganzen Nordhalbkugel vorkommende Strauch toleriert fast jeden Standort. Er gedeiht noch auf sandigen Böden, hat es aber lieber etwas feuchter und nahrhafter. Nur bei hohen pH-Werten, wenn der Boden also reich an Kalk ist, verfärben sich seine Blätter gelb.
Das sollten Sie noch wissen: Der Rückschnitt der Pflanzen erfolgt im Frühjahr, am leichtesten mit der Heckenschere. Erst danach treiben die Blütentriebe aus. Es gibt Sorten in den Farben Gelb, Weiß, Rosa und Orange.
Blütezeit: März bis Juli *Höhe:* 0,5–1 m *Standort:* sonnig bis lichter Schatten

JAPANISCHE ZIERKIRSCHE (PRUNUS SERRULATA)
Haben Sie auch schon einmal geglaubt zu träumen, weil im Nieselgrau eines typischen Apriltags plötzlich eine rosa Wolke auftauchte? Doch dann war es eine Baumkrone, die dort blütenreich explodiert ist, nämlich die der Japanischen Zierkirsche ›Accolade‹, die den wunderbaren Blütenreigen dieser Gehölze eröffnet.

So fühlen sie sich wohl: Die Pflanzen bevorzugen frische bis feuchte, nährstoffreiche Böden, die etwas Lehm enthalten sollten.
Das sollten Sie noch wissen: Die meisten Japanischen Zierkirschen sprengen nach einigen Jahren die Grenzen eines normalen Hausgartens. Nicht ganz so breit machen sich folgende Sorten: Säulen-Zierkirsche ›Amanogawa‹, Hängende Zierkirsche ›Kiku-shidare-zakura‹, beide mit rosa gefüllten Blüten. Unter den weiß blühenden Sorten sind zu empfehlen ›Shirotae‹ und ›Tai Haku‹.
Blütezeit: April bis Mai *Höhe:* 4–7 m *Standort:* sonnig bis lichter Schatten

Blut-Johannisbeere (Ribes sanguineum)

Weil Johannisbeeren so sauer schmecken, gaben die Araber dem Gehölz den Namen »Ribas«, der sich von einer Rhabarberart ableitet. Später wurde daraus Ribes. Die Beeren der Blut-Johannisbeere schmecken gar nicht, dafür hat sie umso schönere Blüten, die sie zu einem der schönsten Frühlingssträucher machen.

So fühlen sie sich wohl: Der in Nordamerika heimische Strauch gedeiht auf jedem Gartenboden – nur Extreme mag er nicht: sehr nasse und trockene Böden.

Das sollten Sie noch wissen: Das Laub riecht aromatisch wie das der Schwarzen Johannisbeere. Die Sorte ›Atrorubens‹ bringt dunkelrote Blüten hervor, die Blüten von ›King Edward VII‹ dagegen sind hellrot.

Blütezeit: April *Höhe:* 1,5–2 m *Standort:* sonnig

Rhododendron, Alpenrose (Rhododendron-Arten)

Rhododendren haben durch ihre lederartigen Blätter einen eigenen Charakter. Zudem beanspruchen sie spezielle Standorte. Man sollte sie daher nur mit Pflanzen mischen, die ähnliche Bedürfnisse haben wie sie, also mit Stauden und Gehölzen, die ebenfalls Feuchtigkeit und Halbschatten lieben.

So fühlen sie sich wohl: Ideal sind lockere, humose, feuchte, saure Böden. Die feinen Wurzeln kommen mit verdichteten und staunassen Plätzen nicht zurecht. Die Pflanzen lieben hohe Luftfeuchtigkeit. Daher sollten sie vor heißer Mittagssonne und austrocknenden Winden geschützt werden.

Das sollten Sie noch wissen: Neben den vielen Sorten mit großen Blüten in fast allen erdenklichen Farben gibt es eine Reihe von Zwergformen mit kleinen Blüten, die in teils eher seltenen Blautönen blühen. Seit einigen Jahren sind auch Rhododendren auf dem Markt, die nicht nur auf sauren Böden gedeihen. Sie heißen Inkarho. Doch auch ihre Wurzeln fühlen sich nur in lockerer Erde wohl.

Blütezeit: März bis Juni *Höhe:* 0,5–3 m *Standort:* halbschattig

Spierstrauch (Spiraea-Arten)

Die Spiersträucher lassen sich grob in zwei Gruppen unterteilen: Im Frühling blühen Arten mit weißen Blüten, im Sommer diejenigen mit überwiegend roten Blüten. Alle diese Arten sind vorzügliche Ziersträucher für den Garten.

So fühlen sie sich wohl: Die Spiersträucher bevorzugen Böden mit gleichbleibender Feuchtigkeit. Im Grunde sind sie aber nicht sehr anspruchsvoll.

Das sollten Sie noch wissen: Interessant sind im Frühling, in der Reihenfolge ihrer Blütezeit: Spiraea x cinerea ›Grefsheim‹ erblüht etwa Ende April, Spiraea arguta mit weißen Blütentrauben ab Anfang Mai und schließlich Spiraea nipponica und Spiraea x vanhouttei ab Mitte Mai. Sie alle werden, wenn überhaupt, erst nach der Blüte beschnitten. Die im Sommer blühenden Arten sind niedriger. Dazu gehören Spiraea x bumalda und Spiraea japonica mit verschiedenen Sorten. Diese Arten sollten zu Jahresbeginn geschnitten werden. Danach bilden sie Blütentriebe.

Blütezeit: April bis Mai, Juli bis August *Höhe:* 0,5–2 m *Standort:* sonnig

Gewöhnlicher Flieder (Syringa vulgaris)

Der Gewöhnliche Flieder trägt in seinen Blüten den Charme ländlicher Gärten und den Duft des Mai. Die blühenden Triebe lassen sich zu schönen Sträußen binden.

So fühlen sie sich wohl: Der in Südosteuropa heimische Strauch ist anspruchslos und anpassungsfähig. Optimal sind frische, nährstoffreiche und gut durchlässige Böden. Er gedeiht aber auch noch auf Sandböden.
Das sollten Sie noch wissen: Die Wurzeln treiben Ausläufer, die am besten mit der Hand aus dem Boden herausgerissen werden. Ein neuer Fliederstrauch darf nicht dorthin gepflanzt werden, wo vorher schon einmal Flieder gestanden hat. Wegen der Wurzelausscheidungen im Boden wachsen die Nachfolger an diesem Standort nicht vernünftig. Es gibt schöne alte Sorten mit einfachen und gefüllten Blüten in Purpurrot, Lila, Weiß und Hellgelb. Eine kleinwüchsige nur 1,5 m hoch wachsende Fliederart ist Syringa microphylla ›Superba‹.
Blütezeit: Mai bis Juni **Höhe:** 4–5 m **Standort:** sonnig bis halbschattig

Schneeball (Viburnum-Arten)

Einer der schönsten aus dem Sortiment ist der Großblumige Duft-Schneeball. Er hat die typischen festen weißen Blütenköpfe und einen unvergleichbaren Duft.

So fühlen sie sich wohl: Die Sträucher bevorzugen trockene bis feuchte Böden, die gut mit Nährstoffen versorgt sind.
Das sollten Sie noch wissen: Ein regelmäßiger Schnitt ist nicht nötig. Es reicht, wenn hin und wieder trockene Zweige herausgeschnitten werden. Das Sortiment der Schneebälle ist groß. Die schönsten Arten blühen im späten Frühjahr, etwa der Großblumige Duft-Schneeball (Viburnum x carlcephalum), die immergrüne Art Viburnum x burkwoodii und der Gefüllte Schneeball (Viburnum opulus ›Roseum‹). Eine eigentümliche Wuchsform mit waagerechten Blütenzweigen zeigt der Japanische Etagen-Schneeball (Viburnum plicatum ›Mariesii‹).
Blütezeit: Mai bis Juni **Höhe:** 1,5–3 m **Standort:** sonnig bis leicht schattig

Weigelie (Weigelia)

Die Weigelien haben ihre Heimat in Ostasien. Sie beeindrucken durch Blüten, die wegen ihrer langen, trichterförmigen Kronröhren an kleine Trompeten erinnern.

So fühlen sie sich wohl: Die Sträucher haben gern frische bis feuchte und gut mit Nährstoffen versorgte Böden.
Das sollten Sie noch wissen: Ein regelmäßiger Schnitt ist nicht nötig. Es reicht, wenn hin und wieder alte, trockene Zweige herausgeschnitten werden. Die beiden schönsten Sorten sind die relativ starkwüchsige ›Bristol Ruby‹ und ›Eva Radke‹, die nur 2 m hoch wächst. Die Liebliche Weigelie (Weigelia florida) liefert noch die Sorten ›Purpurea‹ mit rotem Laub und ›Nana Variegata‹ mit rosa Blüten und Blättern, die einen cremefarbenen Rand haben.
Blütezeit: Mai bis Juni **Höhe:** 2–3 m **Standort:** sonnig bis halbschattig

Immergrüne Heckenpflanzen

Buchsbaum (Buxus sempervirens var. arborescens)

Seit der Antike ist der Buchs eine beliebte Formpflanze, die mit der Schere zu Tierfiguren und geometrischen Formen modelliert werden kann. Als Beetrahmen schaffen niedrige Buchshecken zudem klare Konturen innerhalb des Gartens.

So fühlen sie sich wohl: Ideal sind nahrhafte, nicht zu trockene, durchlässige Standorte. In der Natur wächst der Buchsbaum vor allem auf kalkhaltigen Böden.
Das sollten Sie noch wissen: Die schwach wachsende Sorte ›Suffruticosa‹ ist in der Vergangenheit gern zum Einfassen der Beeten verwendet worden. Mittlerweile ist sie krankheitsanfällig geworden. Daher sollte man lieber auf andere Sorten ausweichen. Sie eignen sich ebenso gut, weil alle Pflanzen gleichermaßen gut beschnitten werden können. Buchsbaum ist in allen Teilen giftig.
Blütezeit: März bis April *Höhe:* 1–4 m *Standort:* sonnig bis schattig

Scheinzypresse (Chamaecyparis lawsoniana)

Die Scheinzypresse ist des Deutschen liebste Heckenpflanze. Ohne Frage lassen sich diese aus den USA eingeführten Gehölze zu unproblematischen Grünstreifen heranziehen. Die Kehrseite ist das immergrüne Einerlei der Neubausiedlungen.

So fühlen sie sich wohl: Die Pflanzen entwickeln sich optimal auf frischen bis feuchten, nahrhaften Böden. Auch trockene Sandböden sind problematisch.
Das sollten Sie noch wissen: Scheinzypressen lassen sich gut schneiden und so auf einer bestimmten Höhe halten. Es werden Sorten mit unterschiedlichen Laubfarben angeboten. Eine Mischung unterschiedlich gefärbter Sorten kann eine Hecke angenehm auflockern – sie sollten jedoch die gleiche Grundfarbe haben, also Grün, Blau oder Gelb.
Blütezeit: – *Höhe:* 1–8 m *Standort:* sonnig bis schattig

Leyland-Zypresse (Cupressocyparis leylandii)

Mit ihren frisch grünen Blattschuppen sticht die Leyland-Zypresse unter den nadeltragenden Heckenpflanzen hervor. Diese wüchsige Art wird in England gern verwendet, um äußere Gartengrenzen zu markieren.

So fühlen sie sich wohl: Optimal sind frische, nährstoffreiche Böden.
Das sollten Sie noch wissen: Die Art ist 1911 in England durch die Kreuzung der in Kalifornien heimischen Monterey-Zypresse und der nordamerikanischen Nootkazypresse entstanden. Sie lässt sich gut schneiden, sollte jedoch aufgrund ihrer Wüchsigkeit nicht unter 2 m Höhe gehalten werden. Jungpflanzen sind in den ersten zwei Jahren noch etwas frostempfindlich. Daher ist die Leyland-Zypresse für Regionen mit kalten Wintern ungeeignet.
Blütezeit: – *Höhe:* bis 20 m *Standort:* sonnig bis schattig

Stechpalme, Hülse (Ilex aquifolium)

Das edel aussehende Laubgewächs ist im Unterholz europäischer Buchenwälder heimisch. Es besitzt glänzende, mit Stacheln besetzte Blätter und trägt im Herbst leuchtend rote Früchte, die allerdings giftig sind.

So fühlen sie sich wohl: Das Gehölz bevorzugt nährstoffreiche, mäßig trockene bis feuchte, humusreiche Böden.
Das sollten Sie noch wissen: Stechpalmen sind zweihäusig. Es gibt also rein weibliche und rein männliche Pflanzen. Weiße Blüten und Früchte entstehen nur an Ersteren. Junge Pflanzen sind etwas frostempfindlich. Die Sorte ›J. C. van Tol‹ ist besonders winterhart. Sie ist zu empfehlen, wenn Stechpalmen in Töpfen gehalten werden sollen. Die Japanische Hülse (Ilex crenata) hat buchsbaumähnliche Blätter und lässt sich auch wie dieser verwenden.
Blütezeit: Mai bis Juni *Höhe:* 3–6 m *Standort:* halbschattig bis schattig

Wacholder (Juniperus-Arten)

Die schuppenartigen Blätter des Wacholders sind spitzer als etwa die vom Lebensbaum. Das lässt ihn struppiger und gewissermaßen lässig südländisch erscheinen. Nur einige seiner Arten eignen sich als Heckenpflanze.

So fühlen sie sich wohl: Wacholder sind sehr anspruchslos. Sie gedeihen auf trockenen bis feuchten Böden.
Das sollten Sie noch wissen: Für Hecken eignen sich der Irische Säulen-Wacholder (Juniperus communis ›Hibernica‹), der Schwedische Säulenwacholder (Juniperus communis ›Suecica‹) sowie die Sorten ›Canaertii‹ und ›Skyrocket‹ (blaugrau) des Juniperus virginiana.
Blütezeit: – *Höhe:* 3–8 m *Standort:* sonnig

Kirschlorbeer (Prunus laurocerasus)

Auf den ersten Blick könnte man den Kirschlorbeer mit einem Rhododendron verwechseln, weil sein Laub ähnlich derb ist. Doch die im Frühjahr mit weißen Blütenkerzen bestückten Sträucher sind viel anspruchsloser als ein Rhododendron.

So fühlen sie sich wohl: Gut geeignet sind mäßig trockene bis feuchte Böden.
Das sollten Sie noch wissen: Kirschlorbeer bildet tiefe Wurzeln, mit denen sie sich auch gut unterhalb hoher Bäume behaupten können. Für Hecken eignen sich nur straff aufrecht wachsende Sorten wie ›Herbergii‹, ›Rotundifolia‹ und ›Van Ness‹. Alle lassen sich problemlos beschneiden.
Blütezeit: Mai *Höhe:* 1–3 m *Standort:* sonnig bis schattig

Gewöhnliche Eibe (Taxus baccata)

Kaum ein Baum kommt mit so wenig Licht aus und kaum einer lässt sich so gut in Form schneiden wie Eiben. Keine Heckenpflanze sorgt für so ruhige Hintergründe. Deshalb werden in England große Rabatten oft von Eibenhecken begrenzt. Sie bilden dann die Leinwand, vor der sich die Staudenblüten wunderbar abheben. Ziehen Sie sich das langsam wachsende Gehölz also beizeiten heran.

So fühlen sie sich wohl: Der Strauch braucht möglichst frische bis feuchte, nährstoffreiche Böden.
Das sollten Sie noch wissen: Für Hecken verwendet man meist die Gewöhnliche Eibe. Sie lässt sich gut in jede gewünschte Form trimmen und ist im Vergleich zu den anderen Sorten günstig. Geeignete Sorten sind zudem ›Overeynderi‹ sowie ›Hicksii‹ und ›Hillii‹ der Art Taxus x media. Alle Pflanzenteile sind sehr giftig.
Blütezeit: – *Höhe:* bis 10 m *Standort:* sonnig bis schattig

Lebensbaum (Thuja occidentalis)

Die schuppenförmigen Blätter der Lebensbäume sind matter als die der Scheinzypressen. Sonst sehen sie diesen sehr ähnlich und sie lassen sich ebenso unproblematisch zu Hecken ziehen.

So fühlen sie sich wohl: Die Pflanzen gedeihen in frischen bis feuchten, nährstoffreichen Böden. Sie sollten immer gut mit Wasser versorgt werden.
Das sollten Sie noch wissen: Im Winter verfärben sich die grünen, schuppenförmigen Blätter meist bronzebraun. Folgende Sorten eignen sich gut für Hecken: ›Brabant‹, ›Columna‹, ›Holmstrup‹ und vor allem ›Smaragd‹. Diese Sorte besitzt das frischeste Grün und das edelste Aussehen. Sorten mit gelben Laubschuppen sind zum Beispiel ›Rheingold‹ und ›Sunkist‹.
Blütezeit: – *Höhe:* bis 30 m *Standort:* sonnig bis halbschattig

>>> Laub abwerfende Heckenpflanzen

Feld-Ahorn (Acer campestre)

Der Feld-Ahorn passt gut in die offene Landschaft. Er bietet sich daher eher für Hecken innerhalb eines ländlichen Gartens an als für eine städtische Anlage.

So fühlen sie sich wohl: Trockene bis frische Böden sind kein Problem. Ungeeignet sind nur staunasse Standorte.
Das sollten Sie noch wissen: Der Feld-Ahorn kann gut beschnitten werden. Er wird sich jedoch nie als schlanke Hecke eignen, da er relativ stark wächst. Zum Herbst färbt sich sein Laub leuchtend gelb bis orange.
Blütezeit: Mai *Höhe:* bis 15 m *Standort:* sonnig bis lichter Schatten

Weissbuche (Carpinus betulus)

Für die monumentale Heckenarchitektur der Barockgärten war die Weißbuche eines der wichtigsten Gehölze. Sie wurde zu meterhohen Wänden gezogen, in die Bögen und Zinnen geschnitten werden konnten.

So fühlen sie sich wohl: Die Pflanzen sind recht anspruchslos. Sie kommen auf relativ trockenen bis feuchten Böden zurecht, sofern diese tiefgründig und nährstoffreich sind. Sie vertragen sommerliche Trockenzeiten, aber keine Staunässe.
Das sollten Sie noch wissen: Oftmals bleiben die Blätter bis zum Frühjahr an der Pflanze, vor allem dann, wenn ein Sommerschnitt erfolgt ist. Das Laub verbessert den Boden, wenn man die Beete damit mulcht.
Blütezeit: Mai *Höhe:* bis 20 m *Standort:* sonnig bis schattig

Rotbuche (Fagus sylvatica)

Rotbuchen tragen, anders als der Name vermuten lässt, keine roten Blätter. Vielmehr bezieht sich der Name auf die leichte Rotfärbung ihres Holzes.

So fühlen sie sich wohl: Die Pflanzen bevorzugen frische bis feuchte, tiefgründige, nahrhafte Böden, die auch etwas Kalk enthalten dürfen. Sie leiden aber bei Bodenverdichtung, Staunässe und Trockenheit.
Das sollten Sie noch wissen: Oftmals bleiben die Blätter bis zum Frühjahr an der Pflanze, vor allem dann, wenn ein Sommerschnitt erfolgt ist. Sie zeigen dann eine hellbraune Farbe, die in der Sonne leuchtet. Die Form mit rotem Laub heißt Blutbuche (Fagus sylvatica f. purpurea). Auch sie ist eine hübsche Heckenpflanze.
Blütezeit: Mai *Höhe:* bis 25 m *Standort:* sonnig bis schattig

Gewöhnlicher Liguster, Rainweide (Ligustrum vulgare)

Früher wurden aus den biegsamen Ruten des Ligusters Körbe geflochten. Der Strauch ist eine der besten Heckenpflanzen. Er bildet dichte Triebe, lässt sich gut beschneiden und stellt kaum Ansprüche an den Standort.

So fühlen sie sich wohl: Die Pflanzen sind sehr anpassungsfähig. Sie gedeihen auf trockenen und auf feuchten Böden.
Das sollten Sie noch wissen: Die Sorte ›Atrovirens‹ behält ihre Blätter sogar über Winter, ebenso Ligustrum ovalifolium, wenn er einen geschützten Platz hat. Der Kugel-Liguster (Ligustrum delavayanum), der in Italien häufig zu Figuren geformt wird, die bei uns dann in den Handel kommen, ist nicht ausreichend frosthart. Er sollte nicht ungeschützt im Freien überwintern.
Blütezeit: Juni bis Juli *Höhe:* 2–5 m *Standort:* sonnig bis schattig

Kletterpflanzen

PFEIFENWINDE, OSTERLUZEI (ARISTOLOCHIA MACROPHYLLA)

Die aus den Bergwäldern Nordamerikas stammende Pfeifenwinde beeindruckt durch ihre großen, fast tropisch wirkenden, dunkelgrünen Blätter. Die Triebe winden sich links herum an Seilen und dünnen Stützen empor.

So fühlen sie sich wohl: Ideal sind feuchte, nährstoffreiche, etwas lehmige Böden.

Das sollten Sie noch wissen: Die wie kleine Pfeifen aussehenden Blüten – gebogene, außen gelbgrün, innen purpurfarbene Organe – gaben der Pflanze den Namen.

Blütezeit: Juni bis August *Höhe:* bis 10 m *Standort:* halbschattig bis schattig

TROMPETENBLUME (CAMPSIS RADICANS)

Die Trompetenblume liebt heiße Südwände, vorausgesetzt, sie wird gut mit Wasser versorgt. Ist der Untergrund rau, hält sie sich mithilfe von Haftwurzeln fest.

So fühlen sie sich wohl: Die Pflanzen stammen aus feuchten Wäldern und Sümpfen Nordamerikas. Dennoch kommen sie noch auf mäßig trockenen bis frischen Böden zurecht. Ältere, eingewurzelte Pflanzen vertragen auch sommerliche Trockenheit. Der Wurzelbereich sollte möglichst im Schatten liegen.

Das sollten Sie noch wissen: Die Sorte ›Flava‹ blüht orangegelb. Zusätzlich zu den Haftwurzeln kann sich der Strauch auch an einer Stütze emporwinden.

Blütezeit: Mai bis Juni *Höhe:* 8–10 m *Standort:* sonnig

KLEMATIS, WALDREBE (CLEMATIS-ARTEN)

Die Klematis ist mit ihren meist sternförmigen Blüten die Schönste unter den Kletterpflanzen. Die Vielfalt an Arten/Sorten ist so groß, dass man sich von Frühjahr bis Herbst von ihren Reizen optisch verwöhnen lassen kann.

So fühlen sie sich wohl: Humose, nahrhafte, gleichmäßig feuchte Böden sind ideal. Nässe und Staunässe vertragen die Pflanzen nicht. Der Wurzelbereich sollte möglichst im Schatten liegen. Gegebenenfalls sollten Sie mindestens 30 cm entfernt einen kleinen Strauch pflanzen, der den Boden schattiert, die großblütigen Hybriden werden sonst leicht von einem Wurzelpilz befallen.

Das sollten Sie noch wissen: Die Klematis hält sich mithilfe von Blattranken an Drähten und anderen Sträuchern fest. Mit den vielen, prächtig blühenden Hybriden können einige deutlich robustere Wildsorten durchaus konkurrieren. Dazu zählen vor allem die Italienische Waldrebe (Clematis viticella) und ihre Sorten sowie die Anemonen-Waldrebe (Clematis montana) samt ihren Sorten.

Blütezeit: April bis Sept. *Höhe:* 3–8 m *Standort:* licht- bis halbschattig

Schling-Knöterich (Fallopia aubertii)

Vor dem Schling-Knöterich sollte man sich etwas in Acht nehmen, wenn auch der Wunsch, eine Wand schnell zu begrünen, leicht dazu verleitet, ihn zu pflanzen. Rasch kann es passieren, dass man seinen Ranken selbst mit der Heckenschere kaum noch Herr wird.

So fühlen sie sich wohl: Die Pflanze ist relativ anspruchslos. Am besten gefällt es ihr auf frischen bis feuchten, nährstoffreichen Böden.
Das sollten Sie noch wissen: Schling-Knöterich bringt in einem Jahr bis zu 5 m lange Triebe hervor. Diese winden sich um Pfosten, Seile und alles, was sie zu fassen bekommen.
Blütezeit: Juli bis September *Höhe:* 8–15 m *Standort:* sonnig bis schattig

Gewöhnlicher Efeu (Hedera helix)

Efeu ist relativ unverwüstlich. Das sollten Sie sich vor Augen halten, wenn Sie die Fassade ihres Hauses damit begrünen wollen. Es dürfen keine Risse im Mauerwerk sein. In diese würden die Haftwurzeln, mit denen sich die immergrüne Pflanze festhält, allmählich immer weiter eindringen.

So fühlen sie sich wohl: Die Pflanzen wachsen auf fast allen Böden, selbst in Sand, sofern Nährstoffe verfügbar sind. Nur reine Torfböden mögen sie nicht.
Das sollten Sie noch wissen: Efeu bringt erst nach acht bis zehn Jahren die ersten Blüten und dann auch die hübschen, schwarzblau bereiften Beeren hervor. Es gibt eine Reihe verschiedener Sorten mit großen, kleinen und hell gefleckten Blättern. Laub, Triebe und Früchte sind schwach giftig.
Blütezeit: Sept. bis Okt. *Höhe:* bis 20 m *Standort:* halbschattig bis schattig

Kletter-Hortensie (Hydrangea petiolaris)

Kletter-Hortensien sind sehr vielseitig: Mittels Haftwurzeln sind sie in der Lage, sich an Mauern und Bäumen festzukrallen. Am Boden werden daraus richtige Wurzeln, mit denen sich die hübschen Pflanzen im Erdreich verankern können.

So fühlen sie sich wohl: Die ehemalige Waldpflanze liebt kühle Lagen und Böden, die locker und frisch bis feucht sind. Sie reagiert empfindlich auf oberflächliche Verdichtungen des Bodens.
Das sollten Sie noch wissen: Die Blüten duften süß. Kletter-Hortensien vertragen tiefen Schatten und die Konkurrenz anderer Pflanzen, insbesondere den Wurzeldruck großer Bäume. Es lassen sich mit ihr also auch kahle Flächen unter Bäumen begrünen. Die Pflanzen schlingen sich auch an Streben empor.
Blütezeit: Juni bis Juli *Höhe:* bis 15 m *Standort:* sonnig bis schattig

Winterjasmin (Jasminum nudiflorum)

Zuerst reibt man sich die Augen, weil es unmöglich scheint, dass eine Pflanze mitten im Winter voll erblüht ist. Für den Winterjasmin ist das jedoch alljährlich ganz normal. Sogar aus frischem Schnee leuchten seine Blüten primelgelb hervor.

So fühlen sie sich wohl: Die aus Nordchina stammende Pflanze ist sehr anpassungsfähig. Am liebsten hat sie feuchte, nahrhafte Böden. Doch sie gedeiht auch noch gut an trockenen, nährstoffarmen Standorten.
Das sollten Sie noch wissen: Wie die Kletterrosen ist auch der Winterjasmin ein Spreizklimmer. Das heißt, er klemmt seine Triebe in Ritzen, Nischen und Verästelungen, um nach oben zu kommen. Zunächst sollte man ihn jedoch an ein Klettergerüst binden, in das er sich dann allmählich verhakelt.
Blütezeit: Dez. bis April *Höhe:* 2–3 m *Standort:* sonnig bis leicht schattig

Geissblatt (Lonicera-Arten)

Den betörenden Duft senden die Geißblätter vor allem abends und nachts aus, um Nachtfalter anzulocken. Denn nur deren lange Saugrüssel erreichen den Nektar am Grund der Blütenröhren, den sie so sehr lieben. Ganz nebenbei bestäuben sie dabei die Blüten – ein Spektakel, das Sie sich auf die Terrasse holen sollten.

So fühlen sie sich wohl: Die Pflanzen bevorzugen humose, gut durchlässige frische bis feuchte Böden. Sie kommen auch an mäßig trockenen Plätzen zurecht.
Das sollten Sie noch wissen: Geißblätter brauchen Stützen, an denen sie sich emporwinden können. Zu den kletternden Arten gehören: Lonicera x brownii ›Dropmore Scarlet‹ mit orangeroten Blüten, das gelblich weiß blühende Echte Geißblatt (Lonicera caprifolium), Lonicera x heckrottii, purpurrot blühend, und das Immergrüne Geißblatt (Lonicera henryi) mit kleinen gelblich roten Blüten.
Blütezeit: Juni bis Sept. *Höhe:* 2–4 m *Standort:* licht- bis halbschattig

Wilder Wein, Jungfernrebe (Parthenocissus-Arten)

Der Wilde Wein fängt im Herbst Feuer. Ein Haus, das von seinen Ranken erklommen wurde, scheint dann in Flammen zu stehen – so intensiv ist jedenfalls die Herbstfärbung dieses raschwüchsigen Kletterstrauchs.

So fühlen sie sich wohl: Die Pflanzen gedeihen auf fast allen Böden, sandigen wie lehmhaltigen mit mehr oder weniger viel Nährstoffen.
Das sollten Sie noch wissen: Es gibt zwei Arten: Parthenocissus quinquefolia stammt aus den USA und wächst dort auch in salzhaltigem Dünensand. Er hat stark geteilte Blätter und klettert mittels Haftscheiben. Parthenocissus tricuspidata ›Veitchii‹ stammt dagegen aus Ostasien. Seine Blätter sind nicht so stark geteilt. Auch er klammert sich dank starker Haftscheiben selbsttätig an Wänden fest.
Blütezeit: Juli *Höhe:* bis 15 m *Standort:* sonnig bis halbschattig

Blauregen, Glyzine (Wisteria-Arten)

Ihre Schönheit mag blenden. Denn hinter der Blütenpracht verbirgt sich auch eine gefährliche Kraft. Die Triebe des Blauregens können problemlos Regenrohre und Dachrinnen zerquetschen, um die sie sich winden.

So fühlen sie sich wohl: Optimal sind lockere, nährstoffreiche frische bis feuchte Böden. Die Pflanzen vertragen keine Bodenverdichtungen und keine stehende Nässe. Auf kalkreichen Böden können die Blätter gelb werden.
Das sollten Sie noch wissen: Es gibt den Japanischen Blauregen (Wisteria floribunda). Seine Triebe winden sich rechts herum. Die violetten Blütentrauben erscheinen zeitgleich mit den Blättern und blühen allmählich vom Ansatz her auf. Und den Chinesischen Blauregen (Wisteria sinensis) mit sich nach links windenden Trieben. Die violettblauen Blütentrauben erblühen auf einmal und erscheinen vor dem Blattaustrieb. Die Früchte beider Arten sind giftig. Kaufen Sie nur veredelte Pflanzen: Nur sie blühen frühzeitig und üppig – im Gegensatz zu Sämlingspflanzen.
Blütezeit: Mai bis Juni *Höhe:* 6–10 m *Standort:* sonnig bis halbschattig

Rosen

Optimal sind lockere, frische bis feuchte Böden, die gut mit Nährstoffen versorgt sind. Die Pflanzen mögen keine Extreme. Reine Sandböden müssen mit Kompost und dem Tonmineral Bentonit (Seite 75) verbessert werden. In sehr feuchten Böden leiden Rosenwurzeln unter Sauerstoffmangel. In solche Böden sollte man mindestens 30 cm tief Sand einarbeiten. Rosen treiben metertiefe Wurzeln, über die sie sich gut mit Wasser und Nährstoffen versorgen können, sofern der Boden tiefgründig und nicht verdichtet ist. Schon an leicht schattigen Standorten bringen die Pflanzen nicht mehr so viele Blüten hervor wie in voller Sonne. Ein Platz unter Bäumen ist für Rosen daher ungeeignet. Zudem trocknet deren Laub dort schlecht ab, und das schafft ein ideales Milieu für diverse Pilzsporen. Zu vermeiden sind auch Ecken, in denen sich Hitze staut, etwa unmittelbar an Südmauern. Die trockene Luft macht die Blätter anfällig für Mehltaupilze und Spinnmilben (Seite 186–189).

Edelrosen

Edelrosen legen Wert auf strenge Modelmaße. Ihre Knospen müssen schlank sein, die Stiele, von denen die Blüten getragen werden, extrem lang. Ihr Stern scheint jedoch wie der der Magermodels langsam zu sinken. Denn Edelrosen haben nicht wirklich eine schöne Figur. Aufgrund ihrer wenigen Triebe sehen sie häufig staksig aus und lassen sich nur schwer mit anderen Pflanzen kombinieren.

Das sollten Sie noch wissen: Edelrosen wurden vor knapp 150 Jahren aus den sogenannten China-Rosen oder Teerosen gezüchtet, die die Ostindische Tee-Kompanie nach Europa mitgebracht hatte. Heute heißen die Sorten der Edelrosen daher auch »Tee-Hybriden«. Die klassische Blütenform, wie man sie oft beim Floristen sieht, ist ihr großes Plus. Es gibt viele Sorten, darunter auch duftende. Häufig sind Edelrosen weniger robust als andere Rosen. Achten Sie daher vor allem darauf, dass eine Edelrose ein ADR-Siegel (Seite 85) trägt.
Blütezeit: Juni bis Oktober *Höhe:* 0,8–1 m *Standort:* sonnig

BEETROSEN

Anders als Edelrosen entwickeln Beetrosen einen kompakten, buschigen Wuchs. Ihre Triebe verzweigen sich. Sie tragen an ihrem Ende mehr als nur eine Blüte. Ihr Habitus ähnelt dem eines üppigen Blumenstraußes. Sie lassen sich gut zu mehreren Pflanzen im Beet gruppieren und mit Stauden kombinieren.

Das sollten Sie noch wissen: Beetrosen sind zunächst aus Kreuzungen zwischen der vielblütigen Wildrose Rosa multiflora und China-Rosen hervorgegangen. Daraus wurden die Polyantha-Hybriden. Typisch für sie sind Dolden, in denen viele Blüten dicht zusammenstehen. Einige dieser Polyantha-Rosen wurden dann nochmals mit Edelrosen gekreuzt. Die Sorten, die aus dieser Linie entstanden sind, haben eher Edelrosen ähnliche Blüten. Diese Gruppe nennt man Floribunda-Hybriden. Da die Unterscheidung nicht immer deutlich ist, rangieren beide Gruppen unter dem Begriff Beetrosen.
Blütezeit: Juni bis Oktober *Höhe:* 30–80 cm *Standort:* sonnig

KLEINSTRAUCHROSEN

Fast unmerklich ist in den letzten Jahren diese neue Rosengruppe entstanden. Sie vereint Sorten von buschigem Wuchs und wohlproportionierter Größe, deren Blüten teils duften. Die Kleinstrauchrosen werden bis zu einem Meter hoch. Sie sind ideal für Hausgärten und lassen sich gut zu Stauden pflanzen.

Das sollten Sie noch wissen: Ursprünglich suchten die Züchter robuste Rosen, die wenig Pflege brauchten und für großflächige Pflanzungen geeignet waren. So entstanden die sogenannten Bodendecker-Rosen. Eine der ersten Sorten war die rosafarbene ›The Fairy‹ mit einer Fülle über die ganze Pflanze verteilter Blütendolden. Sie hat die Kleinstrauchrosen populär gemacht. Es lassen sich drei Wuchsformen unterscheiden: 1. Breit buschiger Wuchs mit Trieben, die häufig bis auf den Boden reichen. 2. Aufrechter, kompakter, buschiger Wuchs. 3. Aufrechter, leicht überhängender Wuchs, der dem Ideal einer kleinen Strauchrose entspricht. Die Wuchsform ist häufig auf dem Etikett einer Rose abgebildet.
Blütezeit: Mai bis Oktober *Höhe:* 0,4–1 m *Standort:* sonnig

STRAUCHROSEN

Einige Rosen dieser Gruppe wachsen brusthoch und höher. In der Rabatte gebührt ihnen daher ein besonderer Platz, der ihren aufrechten Wuchs mit oft leicht überhängenden Blüten richtig zur Entfaltung kommen lässt. Im Unterschied zu den Kleinstrauchrosen besitzen die Strauchrosen überwiegend große Blüten.

Das sollten Sie noch wissen: Die Strauchrosen sind die klassischen Leitpflanzen innerhalb einer Rabatte. Sie geben den Charakter und die Farbgebung für die sie umgebenden Pflanzen vor. Diese sollten mindestens einen Meter Abstand zu den Rosen halten. Es gibt Sorten in unterschiedlichen Farben und mit verschiedenen Blütenformen. Viele neue Züchtungen zeigen wieder den romantischen Charme Alter Rosen, für die stark gefüllte Blüten und ein angenehmer Duft typisch sind.
Blütezeit: Mai bis Oktober *Höhe:* 1,2–2 m *Standort:* sonnig

ENGLISCHE ROSEN

Unter den Englischen Rosen befinden sich Beetrosen, Strauchrosen und Kletterrosen, die den Charme historischer Rosen haben und duften. Im Gegensatz zu den historischen Sorten blühen sie den Sommer über mehrfach.

Das sollten Sie noch wissen: Vor rund 40 Jahren begann der Engländer David Austin damit, Rosen zu züchten. Er hatte historische Rosensträucher gesammelt wie andere Leute Antiquitäten. Diese Oldtimer kreuzte er mit modernen Rosensorten. Der Durchbruch kam 1983 mit den Sorten ›Mary Rose‹ und ›Graham Thomas‹, die noch heute zu den besten Englischen Rosen gehören. Die rosetten- oder schalenförmige Gestalt der Blüten und den strauchartigen Wuchs der historischen Vorbilder übernahm er in seine Züchtungen. Dieses Ideal hat sich heute in der Rosenzüchtung weitgehend durchgesetzt. Nicht alle Englischen Rosen können hinsichtlich Blattgesundheit und Winterhärte zufriedenstellen. So ist es gut, auch auf andere, ähnlich charmante Sorten anderer Züchter zurückgreifen zu können.
Blütezeit: Juni bis Oktober *Höhe:* 1–3 m *Standort:* sonnig

KLETTERROSEN

Die Engländer unterscheiden zwei Typen: Unsere Kletterrose nennen sie »Climber«. Dieser Typ besitzt steife aufrechte Triebe, die sich gut an Wänden ziehen lassen. Auf der anderen Seite stehen die »Rambler« mit langen, biegsamen Trieben und meist hakenförmigen Stacheln. Dieser Kletterrosen-Typ kommt nicht ohne Stützen aus, die den weichen Trieben Halt geben.

Das sollten Sie noch wissen: Die meisten Rambler-Rosen blühen nur einmal mit einer Fülle von Blüten. Sie machen meterlange Triebe, mit denen sie problemlos in Bäume hineinwachsen können. Moderne Rambler wie die Sorten ›Super Dorothy‹ und ›Super Excelsa‹ wachsen nicht so stark, blühen dafür aber den ganzen Sommer über. Die steiferen Triebe der Climber-Rosen lassen sich manchmal schwer um die Stützen eines Rosenbogen winden. An Wänden ordnet man sie daher am besten in Form eines Fächers an. Denn nur wenn ihre Triebe möglichst waagerecht stehen, bilden sich auf der ganzen Länge Blütenknospen.
Blütezeit: Juni bis Okt. *Höhe:* 2–10 m *Standort:* sonnig bis halbschattig

HISTORISCHE ROSEN

Zu den historischen Rosen, die meist »Alte Rosen« genannt werden, zählt man all jene Sorten, die es schon vor 1867 gab. In dem Jahr wurde die erste Tee-Hybride gezüchtet, die fähig war, mehrmals im Jahr zu blühen. Das konnten die damals bekannten Zentifolien, Alba-, Gallica-, Bourbon-, Noisette-, Damaszener- und Portland-Rosen nicht oder nur eingeschränkt.

Das sollten Sie noch wissen: Historische Rosen sind nicht generell gesünder als moderne Züchtungen. Es gibt robuste alte Sorten, nur wenige von ihnen können es aber mit der Gesundheit einer ADR-Rose aufnehmen. Empfehlenswerte alte Sorten sind die Alba-Rosen ›Maiden's Blush‹ und ›Königin von Dänemark‹, die Zentifolie ›Fatin Latour‹, die Damaszener-Rosen ›Madame Hardy‹ und ‹Rose de Rescht›, die Apotheker-Rose (Rosa gallica) ›Charles des Mills‹, die Portland-Rose ›Comte de Chambord‹, die Bourbon-Rosen ›Boule de Neige‹ und ›Louise Odier‹ sowie die Remontant-Rose ›Mrs John Laing‹.
Blütezeit: Juni bis Sept. *Höhe:* 1–2 m *Standort:* sonnig bis halbschattig

Erste Hilfe fürs Grün

Was tun, wenn die Geranie grantelt und das Zitronenbäumchen zickt? Die Ursachen sind oft banal und schnell zu kurieren. In diesem Abc erklären wir die häufigsten Schädlinge und Krankheiten – und stellen ein paar nützliche kleine Freunde vor.

Ameisen
Ameisen sind nicht schädlich, aber lästig. Sie tauchen oft zusammen mit Blattläusen auf, mit denen sie eine Art Zweckgemeinschaft bilden.
Was stellen sie an: Ameisen vertreiben die natürlichen Feinde der Blattläuse und holen sich im Gegenzug deren Honigtau. Zusätzlich nisten sie gern unter Wegeplatten, sodass diese kippelig werden können.
Was tun: Ameisenstraßen, die an Bäumen empor zu Blattlauskolonien führen, lassen sich mit Leimringen (Fachhandel) unterbrechen, die um den Stamm gebunden werden. Zudem meiden Ameisen Steinbeläge, die in Splitt statt Sand verlegt wurden.

Buchsbaumfloh
Lange galten Buchsbäume als harte Kerle, denen nichts etwas anhaben konnte. Mittlerweile tritt doch das eine oder andere Zipperlein zutage, darunter eine löffelartige Verformung ihrer äußeren Blätter. Verursacher ist ein auf Buchs spezialisierter Floh.
Was stellen sie an: Der Speichel des Flohs wölbt die Blattränder auf, sodass der Winzling in der Mulde ungestört saugen kann. Dabei scheidet er Honigtau aus, der die Blätter klebrig und unansehnlich macht.
Was tun: Die befallenen Triebspitzen im Spätsommer stark zurückschneiden und das Schnittgut beseitigen.

Chlorose (Abb. 1)
Fehlt den Blättern das Spurenelement Eisen, verfärben sie sich gelb. Nur die Blattrippen bleiben zunächst noch dunkelgrün. Diese Mangelernährung, z. B. bei Rhododendren und Rosen, nennt man Chlorose.
Was stellt sie an: Die Gelbfärbung zeigt an, dass die Pflanzen kein grünes Chlorophyll mehr bilden können, der Stoffwechsel kommt zum Erliegen, und die Pflanzen sterben langsam ab.
Was tun: Meist ist im Boden ausreichend Eisen vorhanden, doch die Pflanzen können es nicht aufnehmen, weil der Säuregehalt des Bodens nicht stimmt. Es reicht daher nicht aus, Eisen zu düngen. Gleichzeitig muss die Erde für die Pflanzen saurer gemacht werden, z. B. durch ein Untermischen von reinem Torf.

Dickmaulrüssler (vgl. Abb. 2 und 3)
Vor allem Rhododendren sind von den schwarzen Käfern bedroht. Meist wird man erst darauf aufmerksam, wenn es für die Pflanzen schon zu spät ist. Dann hängen die Blätter schlaff herab, so als ob sie Wasser bräuchten.
Was stellen sie an: Ab Mai nagen Dickmaulrüssler an den Blatträndern. Dieser harmlose »Buchtenfraß« ist ein erster Hinweis auf den Käfer. Da er nachts aktiv ist, bekommt man ihn jedoch kaum zu sehen. Fatal sind hingegen die weißen Käferlarven, die sich im Boden von den Wurzeln ernähren. Ohne Wurzelsubstanz können die Pflanzen kein Wasser mehr aufnehmen und vertrocknen.

Abb. 1: Chlorose

Was tun: Es ist müßig, die schwarzen Käfer in der Dunkelheit absammeln zu wollen. Viel effektiver sind spezielle Nützlinge (parasitäre HM-Nematoden von Neudorff), die in Wasser gelöst zwischen Mitte August und Anfang Oktober mit einer Gießkanne verteilt werden.

Efeuspinnmilbe (Abb. 4, Seite 186)

Spinnmilben sind mit ihren etwa 0,5 mm Körperlänge ohne Lupe kaum zu erkennen. Auffälliger sind ihre feinen Gespinste, mit denen sie die Blätter überziehen. Eine dieser Spinnmilbenarten kommt speziell an Efeu vor.
Was stellen sie an: Spinnmilben saugen punktuell das Chlorophyll aus den Blättern, sodass diese mit kleinen, hellen Sprenkeln überzogen werden. Einzelne Efeublätter verfärben sich mit der Zeit grau-braun und vertrocknen schließlich. Die rotbraunen Weibchen und orangeroten Larven findet man vor allem an der Blattoberseite.
Was tun: Trockene Orte, etwa Efeu an geschützten Hauswänden, sollte man vermeiden. Gegen leichten Befall helfen Mittel wie Neudosan (Neudorff) und Naturen (Scotts Celaflor).

Abb. 2: Dickmaulrüssler

Florfliege (Abb. 5, Seite 186)

In unseren Breiten kommt rund ein halbes Dutzend verschiedener Florfliegenarten vor. Sie haben anders als richtige Fliegen zwei Flügelpaare, die von einem Netz filigraner Adern durchzogen sind. Ihre gewölbten Augen schillern farbig, weshalb diese Insekten auch »Goldaugen« heißen.
Wie helfen sie: Florfliegenweibchen legen bis zu 500 Eier und hängen diese in die Nähe einer Blattlauskolonie an lange Stiele. Jede flügellose braune Larve vertilgt etwa 500 Blattläuse und dazu zahllose Spinnmilben, Woll- und Schmierläuse, bevor sie nach ca. drei Wochen zu einer Florfliege wird.
Was tun: Erwachsene Florfliegen leben von Honigtau und Pollen, sie brauchen also Blühendes zum Leben. Gewähren Sie den Tierchen über Winter Unterschlupf, den sie oft in warmen Häusern suchen.

Grauschimmel

Feuchte Witterung begünstigt diese Pilzerkrankung, vor allem bei empfindlichen Pflanzen. Betroffen sind meist Erdbeeren, Tomaten, Gurken und viele gefüllt blühende Pflanzen, etwa Rosen und Dahlien, wenn sie lange dem Regen ausgesetzt sind.

Abb. 3: Schadbild

Was stellt er an: Typisch ist der graue Belag, der sich wie ein feiner Haarwuchs oberflächlich breitmacht. Darunter ist das Gewebe weich und faulig. Früchte, Blüten, Blätter und Stängelteile werden befallen.
Was tun: Alles ist hilfreich, was die Pflanzen trocken hält. Wenn möglich, rückt man sie bei Dauerregen unter ein Dach. Erdbeerfrüchte sollten frei hängen oder auf Stroh gepolstert werden. Regenfeste Rosensorten wählen, deren Blüten nicht verkleben. Stickstoff nur in Maßen düngen.

Himbeerkäfer (Abb. 6, Seite 187)

Wenn Sie den Aufschrei der Kinder kennen: »Iiiiiiih, in den Himbeeren sind ja Würmer«, dann haben Sie schon Bekanntschaft mit dem Himbeerkäfer gemacht. Seine Larven verbringen im Inneren der Früchte ihre Jugend. Auch Brombeeren werden von ihnen heimgesucht.
Was stellen sie an: Im Mai verlassen die 0,5 cm großen braunen Käfer ihr Winterquartier im Boden. Dann fressen sie sich an Himbeerknospen satt. Ab Juni legen die Weibchen ihre Eier in die Blüten. Von da aus bohren sich die Larven einen Weg in die reifenden Früchte.
Was tun: Pflanzen Sie Himbeeren in die Sonne. Die Käfer können morgens von den Ruten geklopft und in einer Schüssel aufgefangen werden.

Erste Hilfe fürs Grün | 185

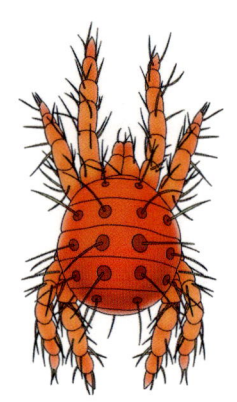

Abb. 4: Efeuspinnmilbe

Abb. 5: Florfliege

Igel
Igel gehen in der Dunkelheit auf die Jagd nach Nahrung. Man sieht sie selten, dafür hört man sie manchmal schnaufend und raschelnd durchs Unterholz streifen.
Wie helfen sie: Auf ihren kurzen Beinen trippeln Igel halb blind durch die Gegend. Dafür sind Gehör und Geruchssinn umso besser ausgebildet. Damit spüren sie Insekten, Würmer und vor allem Schnecken auf.
Was tun: Lassen Sie an mehreren Stellen im Garten Haufen aus Zweigen und Laub liegen. So können sich die Tiere verstecken, finden im Herbst und Winter einen warmen Unterschlupf und bleiben dem Garten treu.

Johannisbeerblasenlaus
Sieht das Laub verkrüppelt aus, sind diese Läuse daran schuld. Die etwa 3 mm kleinen Übeltäter verbergen sich in den Aufwölbungen an der Blattunterseite. In erster Linie sind rote Johannisbeeren davon betroffen.
Was stellen sie an: Die Läuse saugen Zellsaft, was die Pflanzen schwächt. Zusätzlich führt ein Speichelsekret zu den Blattdeformationen.
Was tun: Wen die verunstalteten Blätter stören, spritzt ein Mittel gegen saugende Insekten an die Blattunterseiten, z. B. Neudosan (Neudorff).

Kommaschildlaus
Auf den ersten Blick sehen Kommaschildläuse wie kleine Schlammspritzer aus: braun, rundlich, gewölbt. Mit ihren miesmuschelförmigen Panzern haften sie an Blättern, Nadeln und Zweigen. Betroffen sind Obstbäume, Rosen, Oleander und Zitrus-Arten.
Was stellen sie an: Sie schlürfen den Zellsaft und hemmen so die Entwicklung der Pflanzen. Augenfällig ist vor allem eine klebrige Flüssigkeit (Honigtau), die sich glänzend auf den Blättern niederschlägt.
Was tun: Die Läusekolonien mit einem ölhaltigen Pflanzenschutzmittel (z. B. Naturen von Scotts Celaflor) einsprühen. Kübelpflanzen zusätzlich mit Schädlingsfrei Careo Combi-Stäbchen (Scotts Celaflor) spicken. Den schädlichen Wirkstoff schlucken die Schildläuse mit dem Pflanzensaft.

Lilienhähnchen (Abb. 7)
Wer sie zum ersten Mal sieht, hält die roten Käfer noch für hübsche Kerlchen. Ihre leuchtenden Körper stellen sie auf den Lilien weithin sichtbar zur Schau. Erlebt man, was sie anrichten, fühlt man sich irgendwie betrogen.
Was stellen sie an: Die Käfer sind unersättlich. Sie vertilgen große Blattmengen und lassen nur Angenagtes zurück. Meist knicken auch die Blüten ab, weil selbst die Stängel nicht verschmäht werden. Die Larven, die sich unter braunen Kothaufen verstecken, sind ebenso gefräßig.
Was tun: Die Käfer absammeln und dann zerdrücken. Bei Berührung lassen sie sich schnell zu Boden fallen.

Marienkäfer
Marienkäfer gehören zu den Guten im Garten. Doch wussten Sie, dass ihre Larven genauso nützlich sind? Es sind schwarze Krabbeltiere in der Form flacher Maden mit sechs Beinen und orangefarbenen Flecken.
Wie helfen sie: Käfer und Larven sind ganz wild auf Blattläuse. Bis zu 150 Läusemahlzeiten gönnt sich ein Käfer täglich. Der Nachwuchs bringt es bis zur Verpuppung auf rund 800 Läuse.
Was tun: Am liebsten verkriechen sich Marienkäfer, ebenso wie die nützlichen Schlupfwespen und Ohrwürmer, in dunklen Ritzen. Bieten Sie ihnen Unterschlupf in Schilfrohrbündeln, Lochsteinen und Holzstämmen, in die Sie unterschiedlich große Löcher bohren.

Nährstoffmangel

Voraussetzung für die Gesundheit der Pflanzen ist eine ausreichende Versorgung mit den Hauptnährstoffen Stickstoff, Kalium und Phosphor. Bei Blumen in Töpfen macht sich häufig zuerst Stickstoffmangel bemerkbar. Das Laub wird dann hellgrün.

Was stellt er an: Fehlende Nährstoffe schwächen die Pflanzen. Sie blühen dann nicht mehr so üppig, Laub und Nadeln werden abgestoßen, Rosen sind anfälliger für Krankheiten.

Was tun: Alle Gartenpflanzen, vor allem aber solche im Topf, brauchen jedes Jahr frische Nährstoffe. Die Angaben auf den Verpackungen der Düngemittel bieten eine gute Orientierung für die nötigen Mengen. Überdüngte Pflanzen verlieren hingegen ihre Widerstandskräfte.

Obstmade (Abb. 8 und 9, Seite 188)

Hinter den blassen Maden, die es sich in Äpfeln gut gehen lassen, stehen graubraune Schmetterlinge, die Apfelwickler. Diese Falter schwirren ab Juni in den Abendstunden aus, um ihre Eier an Blätter und junge Früchte zu heften. Knapp zwei Wochen später schlüpfen die Raupen, die sg. Obstmaden.

Was stellen sie an: Die Raupen bohren sich in die Früchte, nisten sich im Kerngehäuse ein und verunreinigen das Fruchtfleisch mit ihrem Kot. Die Früchte sind ungenießbar und fallen vorzeitig vom Baum.

Was tun: Befallene Früchte vom Boden aufsammeln und vernichten. Schon im Juli kriechen die ersten Raupen zum Baum zurück, um sich zu verpuppen. Man lockt sie unter eine Wellpappe, die man dem Baumstamm als Manschette anlegt. Dort kann man die Puppen absammeln.

Pfirsichblattlaus

Grüne Pfirsichblattläuse sind nicht wählerisch. Auf ihrer Sommertour lassen sie kaum ein Gewächs aus, suchen Obstbäume, Rosen, Blumen und Gemüse heim. Sie sind die am weitesten verbreiteten Blattläuse.

Was stellen sie an: Die Läuse tauchen wie aus dem Nichts auf, schlürfen zu Hunderten dicht an dicht den Saft aus dem Pflanzengewebe und verschwinden nicht selten so überraschend, wie sie gekommen sind. Ihr Speichelsekret führt häufig auch zu Blattkräuselungen. Manchmal werden so auch Viren übertragen, die von anderen Pflanzen stammen.

Was tun: Zunächst ganz gelassen bleiben. Spätestens nach zwei Wochen sind die Pflanzensauger meist wieder weg. Oft haben dann die natürlichen Blattlausfeinde die Situation schon im Griff. Wer die Geduld verliert, darf spritzen, aber bitte nur nützlingsschonende Mittel wie Neudosan (Neudorff).

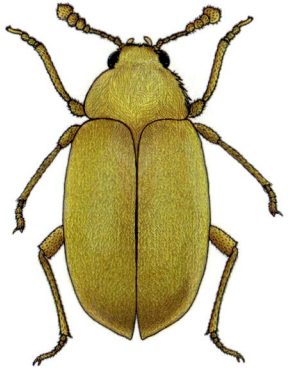

Abb. 6: Himbeerkäfer

Quecke (Abb. 10, Seite 189)

Von oben betrachtet, erscheint die Quecke ganz harmlos. Was können diese weichen Grashalme schon Arges tun? Unterirdisch hingegen wandert ein dichtes Geflecht spitzer Wurzelausläufer in alle Richtungen. Jedes Fitzelchen wird zu einem neuen Herd, was das Gras zu einem der hartnäckigsten Wurzelunkräuter macht.

Was stellt sie an: Besonders gern unterwandert die Quecke Steinbeläge und sprießt dann aus allen Fugen. Sie kann unterirdisch sehr lange Strecken zurücklegen, um dann im Herzen der Lieblingsblumen wieder aufzutauchen. Beete, aus denen die wuchernden Wurzeln nicht rechtzeitig herausgezogen werden, sind meist verloren.

Was tun: Abreißen nützt nichts. Es müssen alle Wurzelenden aus der Erde herausgezogen werden. Dazu lockert man den Boden zunächst mit einer Grabgabel. Auf gepflasterten Flächen gilt Roundup (Scotts Celaflor) als letzte Chance, ein Unkrautvernichter, der bis in die Wurzeln vordringt.

Abb. 7: Lilienhähnchen

Erste Hilfe fürs Grün | 187

Rosenblattkrankheiten

Drei Pilzerkrankungen machen vielen Rosen zu schaffen. Erstens die schwarzen Flecken vom Sternrußtau. Sie sehen aus, als wäre Tinte auf das Laub gespritzt worden. Zweitens ein weißer Belag auf der Blattoberfläche, der Echte Mehltau. Drittens die rostroten Pusteln an der Blattunterseite, die von Rosenrost hervorgerufen werden.

Was stellen sie an: Schnell wird das ganze Laub von den Pilzsporen erfasst. Im schlimmsten Fall stehen die Rosen schon im Juli ohne Blätter da, werden Jahr für Jahr schwächer und blühen immer weniger.

Was tun: Da die Züchtung in Deutschland seit rund zehn Jahren zunehmend Wert auf gesunde Rosen legt, wählen Sie am besten jüngst entstandene Sorten. Hilfreich ist das Prädikat ADR-Rose, das nur an die gesündesten Neuzüchtungen verliehen wird. Befallene Sorten sind nur zu retten, wenn man wiederholt etwa Pilzfrei Saprol Neu AF (Scotts Celaflor) oder Baymat WG (Bayer) spritzt.

Schnecken (Abb. 11)

Gerade in feuchten Jahren können Schnecken einem das Gärtnern verleiden. Im Gegensatz zu anderen Übeltätern haben sie in null Komma nichts ganze Pflanzen auf dem Gewissen – innerhalb einer einzigen Nacht.

Was stellen sie an: Am liebsten machen sie sich über Jungpflanzen her. Typisch ist der Schabefraß, der auf Blättern Löcher hinterlässt. Am Boden und auf den Pflanzen bleiben silbrig glänzende Schleimspuren und grüne Kothäufchen zurück.

Was tun: Darüber sind schon ganze Abhandlungen geschrieben worden. Das sicherste Mittel ist nach wie vor Schneckenkorn. Aber auch Bierfallen und Kaffeesatz, den man um die Pflanzen streut, haben sich bewährt.

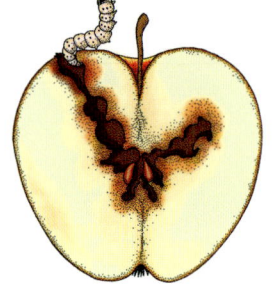

Abb. 8: Obstmade

Tomatenfäule

Hat man mit viel Liebe eigene Tomatenpflanzen aufgepäppelt, werden die Früchte häufig von dunklen Flecken befallen, die das Fruchtfleisch darunter zu einem harten Kloß machen. Die Fäule wird von einem Pilz verursacht, der besonders bei feuchtem Wetter zum Zug kommt.

Was stellt sie an: Meist zeigen zuerst die Blätter graugrüne, später dunkelbraune Flecken und einen weißgrauen Pilzbelag auf der Unterseite. Später greifen die Flecken auf Stängel und Früchte über. Befallene Pflanzen sollten vernichtet werden.

Was tun: Die Pflanzen möglichst trocken halten. Gerade beim Gießen nur die Erde um die Wurzeln, nicht Laub und Früchte benetzen. Wer die Pflanzen selbst heranzieht, sollte widerstandsfähige Sorten wählen.

Umfallkrankheit

Dieser Pilz hat es vor allem auf junge Gemüsepflanzen abgesehen. Er dringt vom Boden aus in die Pflanzen ein und zerstört deren Leitungsbahnen. Die Gefahr einer Infektion ist groß, wenn die Erde sehr feucht gehalten wird.

Was stellt sie an: Eines Tages liegen die Keimlinge auf der Seite, und der Stängel hat sich unterhalb einer Einschnürung dunkel verfärbt. Die Umfallkrankheit heißt daher auch »Schwarzbeinigkeit«.

Was tun: Auf die Oberfläche einer Saatschale groben Sand streuen, dann trocknet sie schneller ab. Am besten gebeiztes Saatgut verwenden.

Abb. 9: Apfelwicklerfalter

Verbrennung

Was passiert, wenn Sie sich ohne Schutz in die Sonne legen? Richtig, ein Sonnenbrand. Pflanzen ergeht es ebenso. Vor allem Zitrusbäumchen, wenn

sie gerade aus ihrem Winterquartier nach draußen gestellt worden sind. Die Monate im Gewächshaus haben ihre Blattoberflächen empfindlich gemacht. Es fehlen schützende Wachsschichten, die sich erst wieder unter freiem Himmel bilden.
Was stellt sie an: Das Chlorophyll in den Blättern wird geschädigt. Sie verfärben sich weißlich und fallen ab.
Was tun: Pflanzen, die im Frühjahr ins Freie kommen, müssen mindestens zwei Wochen lang schattig stehen und dürfen erst dann in die pralle Sonne.

Woll- und Schmierläuse
Auffällig ist eine weiße Masse, die an Zweigen, Nadeln oder Blättern von Kiefern und Ilex klebt. Sie rührt von Wachsausscheidungen, mit denen sich diese Läuse gegen Feinde schützen.
Was stellen sie an: Die Läuse saugen den zuckerhaltigen Saft aus den Pflanzen und schwächen sie. An Apfelbaumtrieben kommt es zudem zu krebsartigen Wucherungen, was ihre Frosthärte herabsetzt.
Was tun: Treten diese Läuse in Erscheinung, geht es den Pflanzen häufig nicht gut. Vielleicht leiden sie unter Hitze und Trockenheit. Bei den Äpfeln kann man auf weniger empfindliche Sorten ausweichen.

Abb. 10: Quecke

Xanthomonas
Überwiegend eine Blattfleckenkrankheit, die durch Bakterien hervorgerufen wird. Im Unterschied zu Pilzen bilden Bakterien keinen Sporenbelag. Vielmehr zersetzen sie das Gewebe, das dann glasig oder ölig aussieht.
Was stellen sie an: Auf Efeublättern zeigen sich braunschwarze Flecken, die rasch größer werden. Der äußere Rand ist ölig durchscheinend. Ähnlich verändert sich auch das Laub von Geranien und Begonien. Bei Hyazinthen faulen Teile der Zwiebel und verwandeln sich in Schleim.
Was tun: Kranke Pflanzen sofort entfernen. Bakterien werden häufig mit Scheren und Messern übertragen. Diese Werkzeuge am besten mit Spiritus desinfizieren.

Yucca-Blattfleckenkrankheit
Yucca-Palmen, die den Sommer über auf der Terrasse stehen, leiden in regennassen Jahren zuweilen an einer Blattfleckenkrankheit, die von Pilzen hervorgerufen wird.
Was stellt sie an: Auf der Blattoberseite entstehen braune Flecken mit gelben, aufgewölbten Rändern. Die Befallstellen gehen allmählich ineinander über und zeigen stecknadelgroße schwarze Punkte.
Was tun: Die an mediterranes Klima gewöhnten Pflanzen nicht dem Dauerregen aussetzen. Befallene Blätter abschneiden.

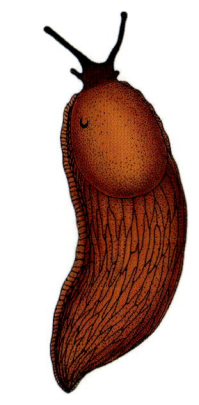

Abb. 11: Nacktschnecke

Zikaden
Auf den ersten Blick sehen Zikaden aus wie Läuse. Doch ihre Körper sind schlanker und flacher, wie die hellgrünen, bis ca. 3 mm großen Exemplare, die an Rosen vorkommen. Harmlose Schaumzikaden, die sich in einer Höhle aus Speichel verbergen, sind häufig an Lavendel zu sehen.
Was stellen sie an: Entlang den Blattadern tauchen weiße Sprenkel auf, die sich über die ganze Fläche ausdehnen. Schließlich bleichen die Blätter aus und fallen ab.
Was tun: Zum Problem werden diese Insekten meist nur dort, wo es richtig heiß ist, also vielleicht auf einer windgeschützten Südterrasse. Es helfen die gleichen Mittel wie bei der Pfirsichblattlaus. Damit sollten gezielt die Blattunterseiten behandelt werden.

Register

ADR 85, 181, 183, 188
Annuelle (einjährige
Pflanzen) 36, 51, 118–133
Astschere 102

Backsteinmauer 15, 41, 43
Bambus 41, 53, 55, 56, 57
Bartblume 115, 163
Basilikum 39, 60
Bäume und Sträucher ...161–173
Bentonit 73, 75, 181
Besenheide 115, 163
Bewässern 113
Bindematerial 104
Binsen 20, 56
Bittersalz 77
Blaukorn 77
Blauraute 67, 69, 115, 170
Blumenerde 73, 93
Blumenhartriegel......41, 43, 115, 164
Blumenwiese 38, 113
Bodendecker 109, 131, 138, 164, 167
Bonsaischere 102
Bougainvillee 63, 65
Brombeeren 18
Buchenhecke 38, 39
Buchshecke 31, 33, 41, 174

Callas..................................29, 31
Clematis 33, 178
Containerpflanzen 79
Currykraut 65, 99

Deutsches Weidelgras...........112
Drahtbesen 107
Duftinseln 24, 27
Dünger 77
    Flüssigdünger........62, 93, 129
    Mineralische Dünger 77
    Organische Dünger 77
    Synthetische Dünger 77

Edelrauten 36, 99
Eibenhecke 29, 31, 36, 39, 98, 176
Einjährige Pflanzen (Annuelle).... 118–133

Erdbeeren 17, 18, 24, 37, 61
Erdsieb 102
Euphorbia ›Diamond Frost‹ 56, 69, 99

Fächerahorn 115, 161
Farne 15, 56, 141
Faserzement 68
Federborsten-Gras 98
Federgras 53, 57, 143, 151
Feige 11, 15
Felberich 97
Felsenbirnen 115, 161
Fingerstrauch 115, 171
Fleißiges Lieschen 56, 91, 94, 126
Forsythien 115, 166
Frauenmantel 24, 25, 136
Fuchsie 56, 94, 124
Fugenkratzer 107
Funkie 15, 53, 57, 143, 151

Gartenzimmer 33, 34, 36, 39
Gehölze 161–177
Geranie 94, 119, 129
Giftpflanzen 18
Grabegabel 80, 107
Granitpflaster 11
Grasschnitt 112
Grubber 80
Gruppierung 98
Günsel 97
Gurken 61

Hacke....................................102
Handgabel 107
Handhacke 107
Handharke 107
Handkultivator 107
Handschuhe 104
Handspaten 98, 107
Heckenschere 102
Herbst-Anemone 98, 136
Himbeeren 18
Hochstamm 161, 165
Holzfaser 93
Holzhäcksel 73
Holzterrasse 42

Holzwand 50, 51
Horngries 77
Hornspäne 77, 80
Humus 73, 74
Hybride 135

Immergrüne Heckenpflanzen..... 174–176

Johannisbeeren................17, 115

Kalium 77
Kalkdünger 77
Kalkmergel 12
Kalksplitt 31
Kalksteinplatten 12
Katzenpfötchen 68
Kelheimer Auerkalk 29
Kiesweg 25, 27, 29
Kletterpflanzen 15, 178–181
Klinker 11, 12, 41
Knollenbegonien 56, 154
Knollenpflanzen 153
Kokosfaser 93
Kompost 73, 75, 77
Krankheiten und Schädlinge 184–189
Kräuter ..27, 34, 39, 61, 63, 64, 65
Küchenabfälle 73
Kultivator 102, 107

Lampenputzergras 50, 94, 98, 148
Langzeitdünger 77, 93
Laub abwerfende Heckenpflanzen 176–177
Laub 73
Laube 23, 25
Laubengang 11, 13, 15
Lavendel.....12, 41, 42, 43, 65, 69, 99, 145
Lehmboden 75
Leichter Boden 74
Lorbeer 64, 65

Mädchenauge 97
Magnesium 77
Magnolien 115, 169

Mangold 61
Messer 104
Miniteich.........................48, 55
Monatserdbeeren 18
Moos 109, 110
Mulchmähen 109
Mutterboden 73

Nährstoffe 73, 77
Naschpflanzen 18

Obstbäume 13, 43
Oleander 41, 42, 43, 64, 65
Olive 63, 64, 65
Organische Substanz 75

Petunie ›Tiny Tunia‹ 94
Pferdemist 75
Pflanzholz 107
Pflanzleine 79, 104
Pflanzschilder 104
Phosphor 77
Prachtkerze 97, 142
Prachtspiere 98, 137

Rasenkantenstecher 107
Rasenschnitt 73, 109, 112
Rasensorten 109
Rasentrimmer 110
Rechen 107
Reihung.................................99
Rindenhumus 93
Rispenhortensie............115, 167
Rittersporn.......18, 21, 24, 29, 31, 36, 77, 139
Rosen 181–183
    Beetrosen 182, 183
    Edelrosen............87, 181, 182
    Englische Rose ›Winchester Cathedral‹ 23
    Englische Rosen 21, 27, 183
    Historische Rosen .27, 89, 183
    Kleinstrauchrose ›Johann Strauß‹ 85
    Kleinstrauchrosen 182
    Kletterrose ›Constance Spry‹ . 21

Kletterrose ›Veilchenblau‹..21
Kletterrosen.......13, 27, 37, 88, 183
Rambler-Rose 27, 183
Rosa Gallica ›Charles de Mills‹ 23, 27, 183
Rose ›Paul's Himalayan Musk‹ 27
Rosenbegleiter.....................24
Rosenbogen 13, 18, 21, 37, 183
Rosendünger.......................85
Strauchrose ›Raubritter‹ 18
Strauchrosen.................89, 182
Wurzelnackte Rosen 85, 88
Wurzelschnitt (Rosen) 88
Rosenschere 102
Rosmarin 41, 42, 43, 63, 65
Rotschwingel 112

Saatgut 109
Sand............................73, 74, 75
Sandsteinpflaster 24
Sandsteinplatten 24
Schädlinge und Krankheiten 184–189
Schmetterlingsstrauch...........115
Schneeballhortensie 115
Schneeflockenblumen 56, 131
Schokoladenblume 97
Schuffel................................102
Schwimmblattpflanzen......48, 57
Schwimmteich 20
Seerose 12, 41, 48
Sichelmäher 110
Sissinghurst 36
Sommerblumen 56, 69, 77, 91, 93
Sommer-Salbei ›Caradonna‹ 27, 149
Sommerspiersträucher..........115
Spaliere 13
Spalierobst.............................13
Spaten 101, 107
Spiersträucher 21, 115, 172
Spindelmäher 109, 110
Sport- und Spielrasen 112
Staffelung 99

Stahlkante 31, 43
Stauden 24, 134–151
Steppenkerze 53, 57, 156
Stickstoff................................77
Streuwagen 110
Sumpfsimse 55, 57
Süßkartoffel 94
Süßkirschen 18
Symmetrie 41, 98

Taubenhaus 38, 39
Thymian..........................23, 24
    Gewürz-Thymian 98
    Zitronen-Thymian 68
Tomaten............................60, 61
Tonboden 73, 74, 85
Tongefäß 53, 57
Trockenmauer 23, 27
Trompetenbaum 15, 29, 31
Tulpe ›White Triumphator‹ 31

Unkraut 73, 80, 83

Vertikutieren 109, 110, 112
Vita Sackville-West 36, 147

Wandelröschen..........69, 94, 126
Waschbetonplatten 47
Wasserbecken 12, 29, 31, 43
Weinreben 15
Weißtorf.................................93
Wiesenschafgarbe 18, 135

Zaubernuss....................115, 166
Zieräpfel 115, 169
Zier-Johannisbeeren 115
Zierkirsche 115, 171
Zitrusgewächse 64
Zwiebelpflanzen............152–159
Zwiebelpflanzer 102

Adressen

Hier finden sie die Bezugsquellen der im Buch vorgestellten Produkte und Pflanzen, sowie die Namen der Gestalter einiger der gezeigten Gärten.

Allgemein
Garten in Heerlen (NL)
ist für Besucher geöffnet
Tel. +31-45-5710470
www.inekegreve.nl

Gesellschaft für naturnahe Badegewässer e.V.
Tel. 07000-7008787
www.dgfnb.de

Giftzentrale der Universität Bonn
www.meb.uni-bonn.de/
giftzentrale/pflanidx.html

Accessoires, Möbel, Werkzeuge
Garten und Gabel
Lassdrift 1a
21129 Hamburg
Tel. 04283-981337
www.gartenundgabel.de

Jantuma.de
Höninger Weg 157
50969 Köln
Tel. 0221-4249490
www.jantuma.de

Wood, Steel & More
Ohlstedter Straße 17
22949 Ammersbek
Tel. 040-6090100
www.woodsteel.de

Gartencenter und Baumschulen
Dinger's Gartencenter Köln
Goldammerweg 361, 50829 Köln
Tel. 0221-958473-0
www.dingers.de

Andreas Huben
Schriesheimer Fußweg 7
68526 Ladenburg
Tel. 06203-92800
www.huben.de

Königliche Gartenakademie
Altensteinstraße 15 a
14195 Berlin Dahlem
Tel. 030-8322090-0
www.koenigliche-
gartenakademie.de

Lorenz von Ehren
Maldfeldstr. 4
21077 Hamburg
Tel. 040-76108-0
www.lve.de

Wörlein
Baumschulweg 9
86911 Dießen/Ammersee
Tel. 08807-92100
www.woerlein.de

Gartengestalter
Michael Müller
Harms und Müller
Gärten und Landschaften
Unter den Höfen 1
49134 Wallenhorst
Tel. 05407-345514
www.harmsundmueller.de

Jens Tippel
Bergstraße 2
30952 Ronnenberg/Benthe
Tel. 05108-643433

Dr. Bernhard Korte
Freier Landschaftsarchitekt
Frankenstraße 56
41517 Grevenbroich
Tel. 02181-215454
www.bernhard-korte.com

Staudengärtnereien
Arends Maubach
Monschaustraße 76
42369 Wuppertal/Ronsdorf
Tel. 0202-464610
www.arends-maubach.de

Dieter Gaißmayer
Jungviehweide 3
89257 Illertissen
Tel. 07303-258
www.staudengaissmayer.de

Heinz Klose
Rosenstraße 10
34253 Lohfelden
Tel. 0561-515555
www.staudengaertner-klose.de

Gräfin von Zeppelin
Weinstraße 2
79295 Sulzburg-Laufen
Tel. 07634-69716
www.graefin-v-zeppelin.com

Rosenschulen
W. Kordes' Söhne
Rosenstraße 54
25365 Klein Offenseth
Tel. 04121-4870-0
www.gartenrosen.de

Rosarot
Besenbek 4b
25335 Raa-Besenbek
Tel. 04121-423884
www.bkn.de

Rosenhof Schultheis
Bad Nauheimer Straße 3–7
61231 Bad Nauheim-Steinfurth
Tel. 06032-81013
www.rosenhof-schultheis.de